Data Science

一生モノの ビジネス教養

Data science is lifelong weapon.

データサイエンス大全

シンプルにわかる
49の用語と
13の実践

株式会社ダブダブ 代表取締役
データサイエンティスト
上野佑馬
Yuma Ueno

ソシム

# はじめに

　「データサイエンス」「AI」「機械学習」「DX」「ディープラーニング」・・・そんな言葉がここ数年、強力なバズワードになっています。そして、これらのバズワードは決して一過性のものではありません。これからの10年20年、間違いなく世界の中心になるキーワードでしょう。しかし、多くの人にとってはまだまだ遠い存在であることも事実。この本を手にとっていただいたあなたにとっても、"なんか最近では話題だけど、よく分からないもの"かもしれませんね。

　専門家だけが知っていればいいものと思われがちなこれらのキーワードは、これから間違いなくビジネスパーソンの一般教養になっていきます。しかし、残念ながら現在の日本でAIやデータサイエンスの領域を教養として身に付けている人が多いとは言えず、日本は世界に遅れを取っています。
　より多くのビジネスパーソンにデータサイエンスを一般教養として身に付けていただき、市場価値の高い人材になってほしい！そして日本を変えてほしい！

　そんな想いと課題感から執筆したのが、本書「データサイエンス大全」です。
　本書では、ビジネスの視点から必要な重要用語を49個ピックアップし、それらを分かりやすく全編カラー＆図解しています。手を動かせとは言いません。まずは「分かった気になる。理解できた気になる」ことが大切なのです。
　もちろん、それだけでは「頭でっかちな机上の知識」になってしまう。データサイエンスの知識は、最終的には実務の場面で使いこなせなくては意味がありません。だから本書では、「実践スキル編」と称して、「各知識が現場でどのように活用されているのか」を見ていただくためのページも用意しました。
　とある企業に勤める二人のひよっこデータサイエンティストが、実務の課題にぶち当たりながらデータサイエンスの知識を駆使して何とか乗り越えていく様を、ストーリー形式で紹介します。
　実際にどんな課題が生じて、どんな分析アプローチを使えば乗り越えられるのか、どんな部分に注意しなくてはいけないのか。

　ぜひ、リアルに体感してみてください！

## 本編を読む前に

　本書を手に取ってくださった方は、もしかすると「AI、機械学習、DX みたいな、超メジャーな専門用語の意味からドンドン教えてくれるのだろう！」などと期待していたかもしれませんね。ですが、本書に登場する最初のワードは「推計統計学」、その次は「確率統計・離散型確率分布」です。ついでに言うと、3 番目は「連続型確率分布」。

　いかがでしょうか？ 敷居が高そう？ 想像と少し違っていたのではありませんか？

　実は、本書の目次構成がそのようになっているのには大きな理由があります。

　例えば第一部の重要用語編ですが、ここでは「データサイエンスの基礎」という視点から 10 のワードをピックアップしています。耳慣れないワードが多いかもしれませんが、AI や機械学習は統計学の土台の上に成り立っている。だからこその、「推計統計学」「確率統計・離散型確率分布」「連続型確率分布」という並びなのです。これでも、避けては通れない用語だけに絞り込んだつもりです。

　ですから、ここはグッと堪えて、最初から順を追って、重要用語の意味を一つ一つ学んでいっていただければと思います。

　なお、本書はできるだけ数式や堅苦しい表現は使わず、初めてデータサイエンスを学ぼうとする人にとっても理解しやすい内容にしておりますが、必要最低限の数式は登場します。$\mu$（ミュー）や $\sigma$（シグマ）など、見慣れないギリシャ文字もたまに登場します。

　でも、それらに対して拒否反応を起こすのではなく、一旦は「そういうものなのだな」と割り切ってください。そのレベルでの理解でも全く問題ありません。

　重要なのは、各用語は何ができる手法やアプローチなのか、そしてどんなビジネスシーンで利用できるのかについて「ざっくりと知ってみる」ことなのです。

　そういう意味では、まず実践スキル編から読んでいただき、キーワードが登場するたびに重要用語編を確認するという読み方も有り！ オススメです。

CONTENTS

# CONTENTS

# 第二部 （実践スキル編） …072
## 機械学習手法を組み合わせ顧客のインサイトを探り、顧客生涯価値を最大化する!

KeyWord　機械学習、教師あり学習、教師なし学習、階層的クラスター分析、非階層的クラスター分析、ロジスティック回帰分析

# 第三部 重要用語編 …086
## 機械学習の応用
**強力な機械学習手法を理解しビジネスシーンで扱うためのキーワード**

CONTENTS

# 第四部 （実践スキル編） ⋯142

## 需要予測のプロセスを学び、現場の課題感を分析に落とし込めるようなる!

KeyWord　CRISP-DM（前半）、イシューの特定、EDA（探索的データ分析）、前処理、特徴量エンジニアリング

# 第一部　重要用語編

## データサイエンスの基礎

データに隠された関係性を紐解くためのキーワード

データサイエンスを学ぼうとすると、学ぶことの多さに絶望するかもしれません。しかし、データサイエンスはビジネスと紐付けて初めて真価を発揮します。いくら知識を詰め込んでもビジネスシーンで使えなければ意味がありません。そこで第一部では、ビジネスシーンにおいてデータに騙されることなく、データを上手く活用するために必要なエッセンスに絞って用語をピックアップしました。

## CONTENTS

# 01 | 推計統計学

推計統計学の基本の考え方を理解すれば、真の事象を推定できるようになる。

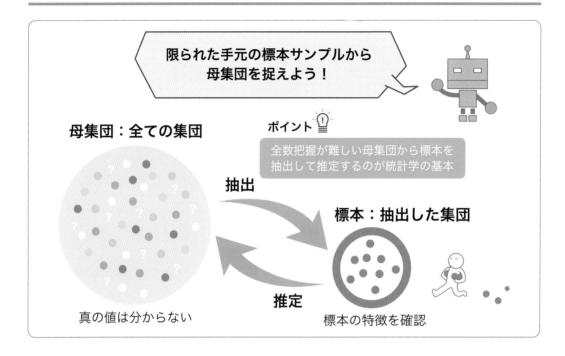

限られた手元の標本サンプルから
母集団を捉えよう！

**母集団：全ての集団**

ポイント
全数把握が難しい母集団から標本を
抽出して推定するのが統計学の基本

**抽出**

**標本：抽出した集団**

**推定**

真の値は分からない　　　　　標本の特徴を確認

##  世の中の様々な数字は真のデータを表現できているのか

　世の中の物事は、全ての集団の特徴を直接的に把握できないことがほとんどです。例えば、全国民の身長を把握しようとしても、刻一刻と変わる身長データを取得するのは現実的ではありません。そこで役に立つのが、推計統計学の考え方です。

　推計統計学のアプローチでは、全ての集団から一部のサンプルを抽出し特徴を把握して、それを全ての集団の推定に利用します。この時、全ての集団のことを母集団、抽出したサンプルのことを標本と呼びます。

　一部抽出したサンプルに対して、特徴を把握してそこから母集団を推定するので、母集団の真の値は分かりませんが、標本から推定値を算出することは可能です。ここで重要なのが、標本を抽出する際の方法です。抽出する際に作為的に抽出してしまうと、母集団の分布と標本の分布が異なってしまい、正しい推定ができません。例えば、テレビの視聴率を推定するのに、特定の地

域に絞って標本を抽出すると、住んでいる地域や属性に偏りが生まれてしまいます。そのため、推計統計学のアプローチを取る際には、無作為抽出（ランダムサンプリング）ができているかを確認しなくてはいけません。

## 真のデータを推定する方法

では、母集団の特徴はどのように推定していけば良いのでしょうか？

集団の特徴を把握するのに重要な統計量として、平均と分散があります。分散はデータのばらつきを表すもので、身長が 159cm, 160cm, 161cm の標本よりも、140cm, 150cm, 160cm の標本のほうがばらつきが大きくなります。この時、標本の平均と分散を「標本平均と標本分散」と呼び、母集団の平均と分散を「母平均と母分散」と呼びます。

母集団の推定には、点推定と区間推定という 2 つの推定方法があります。点推定では 1 つの値で推定し、区間推定ではある区間で推定します。例えば、全国民の身長の母平均を点推定するために 10000 サンプル抽出し、その標本平均が 165cm になった場合、165cm そのものが母平均の推定値となります。一方で区間推定の場合は、まず％を指定し、信頼区間と呼ばれる区間を定めます。信頼区間が 95% の場合、少々紛らわしいのですが、意味合いとしては「100 回母集団から標本を取ってきて、95% 信頼区間を求めた時に、95 回はその区間の中に母平均が含まれる」ということになります。

とりあえずここで覚えておいて欲しいのは、母集団から標本を抽出して限られた標本を調査して、母集団の理解を深めていくのが統計学であるということです。

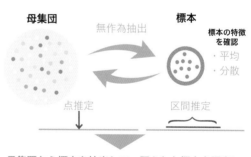

母集団から標本を抽出して、限られた標本を調査して母集団の理解を深めていくのが統計学

### 標本分散ではなく、不偏分散を使うべき

母分散を推定する時は、標本分散ではなく不偏分散という値を使います。標本分散は「標本平均と各サンプルの差の二乗の総和をサンプルサイズで割った値」になりますが、不偏分散はサンプルサイズを 1 引いた値で割った値になります。

第一部　重要用語編　データサイエンスの基礎　データに隠された関係性を紐解くためのキーワード

## 02 確率統計・離散型確率分布

世の中の事象を確率分布で捉えれば、ありふれたバイアスに惑わされなくなる。

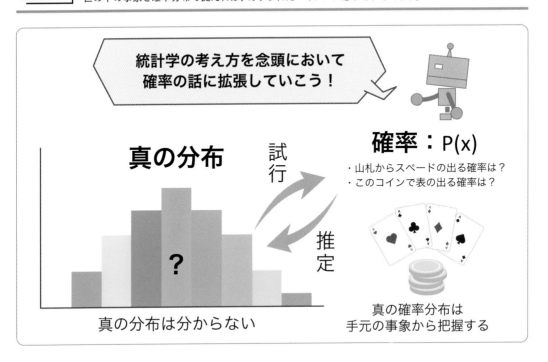

統計学の考え方を念頭において確率の話に拡張していこう！

**真の分布**　試行

**確率：P(x)**
・山札からスペードの出る確率は？
・このコインで表の出る確率は？

推定

？

真の分布は分からない

真の確率分布は手元の事象から把握する

 ## サイコロを確率分布で考えると?

　先ほど学んだ推計統計学と確率の世界をつなげて見るのが確率統計です。そして、確率統計を学ぶ上で重要な概念に確率分布があります。確率分布とは様々な事象の起こりうる確率を分布で表現したものであり、起こりうる事象が離散型である時、離散型確率分布と呼びます。例えば、サイコロには6つの目があり、それぞれの目が出る確率は6分の1です。この時、出目をXと置き確率をP(X)と置くと、

$$P(X) = 1/6 \,(X = 1, 2, 3, 4, 5, 6)$$

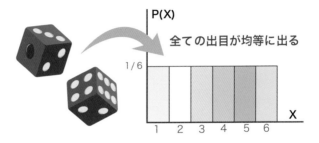

P(X)

全ての出目が均等に出る

1/6

X

1　2　3　4　5　6

P(X)=1/6(X=1,2,3,4,5,6) と書くことができ、X を横軸に P(X) を縦軸に取ったグラフが確率分布です。そして、この時に起きうる事象である X のことを、確率変数と呼びます。

## サイコロの出る目は本当に1/6なのか

　経験則的に、サイコロの出る目は 1/6 で等しいと分かっていますが、これがもし「毎回必ず 6 が出るイカサマのサイコロ」だとどうなるでしょう？ そうなると、P(6)=1 になりますよね。では、そのサイコロがイカサマのサイコロなのか、そうでないのかはどのように見極めれば良いのか。前述のとおり、統計学とは「起きた手元の事象をもとに、事象の真理を読み解く、そして未来に起きうる予測をする」学問です。その上で、この確率分布というのは非常に重要な要素になってきます。

　本来、真の確率分布が分からない場合がほとんどです。できるのは、手元のデータから真の確率分布を推定することでしょう。サイコロを 6 回振って、6 回とも 6 が出たとしましょう。その時、手元のデータから確率分布を考えると、前述のように P(6)=1 となります。手元のデータから推定した確率分布から考えると、次にサイコロを振って出る目は必ず 6 となるわけです。

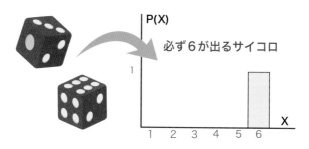

P(X) = 1 (X = 6)

必ず6が出るサイコロ

　でも、もしかしたらイカサマのサイコロではないかもしれません。サイコロを振り続けると、他の出目も出て 1/6 に集約していくかもしれません。すなわち、試行回数が多ければ多いほど、手元の標本から得られる真の分布の推定精度は上がるわけです。確率分布からデータは生まれていて、手元にあるデータから真の分布を推定するのが統計学の世界なのです。

### 統計学の土台を築いた確率の歴史

　統計学は確率の概念と共に発展してきました。現代では一般的な生命保険のビジネスは 1662 年の人類死亡率の算出に端を発し現在も高度な統計学と確率論がベースにあります。

# 連続型確率分布

離散値を連続値に拡張すれば、ビジネスシーンの事象に確率分布を適用できるようになる。

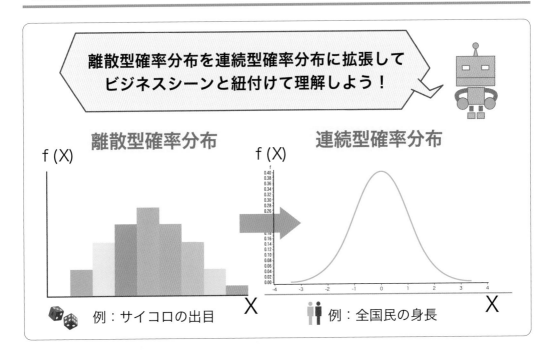

## ビジネスシーンで頻出の分布

前項の「離散型確率分布」では離散値を扱いましたが、確率変数が連続値でも問題ありません。離散値では確率を点で捉えていましたが、連続値であれば確率を範囲で捉えます。

離散値の確率分布を離散型確率分布と呼び、連続値の確率分布を連続型確率分布と呼びます。例えば、ある工場で生産される化粧品の容量は連続値になります。工場では一定の容量の化粧品を生産して箱詰めしていますが、その一定の容量から少しのばらつきが生じてしまうことは想像できるでしょう。化粧品がどのくらいの確率でどのくらいの容量になるのかという連続値の確率変数を分布にしたものが、連続型確率分布になるのです。

今回の化粧品のケースでは、次ページの図の左側のように、最も有名な連続型確率分布である正規分布になることが想定されます。

# ビジネスシーンでの分布確認の重要性

ビジネスシーンでデータを扱う際は、データが正規分布に従うか否かで解釈に齟齬が生まれてしまいます。例えば、データが全く正規分布に従っていないのに、平均値をあたかも代表値のように見せてしまったら、誤った施策を打ってしまうかもしれません。

顧客の購入金額は右図の右側のように、裾の長い分布になりがちです。お金をかけるヘビーユーザーが一部いるとして、ほとんどのユーザーはお金をかけないライトユーザーです。そんな時に平均値だけを見て、平均値が顧客の代表値だと判断しマスターゲットを取りに行くと、実は

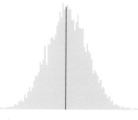

**正規分布**
平均値と中央値が一致する

EX:全国民の身長、化粧品の内容量

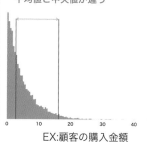

**正規分布でない**
平均値と中央値が違う

EX:顧客の購入金額

ほとんどのユーザーはターゲットにならないというケースもあります。

このように、ビジネスシーンには正規分布にはならないデータが大量に潜んでいます。そんな時に、分布を見ずに統計量だけを算出して施策を打つと大失敗する可能性があるのです。

---

**ビジネスで使用される多くの手法には、正規分布が仮定として置かれている?**

ある事象に違いがあるか否かを統計的に判断する際には「t検定」という手法を使いますが、これはデータが正規分布に従うことを前提としています。あるいは「回帰分析」も、残差という予測したデータと実際のデータの差が正規分布に従っていないといけません（これを正規性と言います）。

このように、ビジネスで利用される手法には正規分布を仮定しているケースも多く、それを無視して統計値や手法を使うと、思わぬ結果を招くことになってしまうのです。

第一部　重要用語編　データサイエンスの基礎　データに隠された関係性を紐解くためのキーワード

# 統計的検定

事象に違いがあるかどうかを統計的に示せば、ビジネスの意思決定が明確になる。

> 直感的に違いがありそうな事象でも
> 統計的に見ていくと実は違いがあるとは
> 言えないかもしれない！

平均からずれている気がするけど・・・
## 生産ラインに異常がある？

母平均：200mlのはず
**無作為抽出**

205,198,197,208,
204,202,207,199,
207,203(ml)

クリック率に差があるけど・・・
## メールによって効果が変わる？

| | メールA | メールB |
|---|---|---|
| 送信 | 1万通 | 1000通 |
| クリック | 1000件 | 150件 |

## これらを統計的に判断するのが統計的検定

 ## 違いがあるのか、それとも偶然なのかを判断するために

統計的検定とは、端的に言うと「事象に違いがあるかどうかを統計的に示す」ことです。
例えば

・工場で製造してる製品の耐久性が上がったのは誤差の範囲なのか、本当に上がったのか
・商品AとBのアンケートスコアの違いは本質的な違いなのか、それとも偶然なのか

など。これらの違いを説明する時に、多くの現場では「平均値など表面的な数値を比較して、違いがあると結論づける」というケースが多いです。そして、これらの事象を感覚ではなく統計的に判断する上で、統計的検定は必要になります。

## ビジネスシーンで理解する統計的検定

　とある化粧品会社が製造している化粧品の内容量は、200ml に設定されています。そしてある日、生産管理の担当者である A さんは「本当に 200ml になっているのか?」を確かめてみることにしました。

　A さんは、製造した製品の中から無作為に 10 個ほど選んで内容量を測ってみます。結果は次のようになりました。

205,198,197,208,204,202,207,199,207,203(ml)

　このデータから平均値を計算すると、203ml になります。さて、設定は 200ml より大きくなっているのでしょうか?

　これだけ見ても、これが誤差のレベルなのか本当に違いがあるのかは分かりません。そこで登場するのが統計的検定です。統計的検定では、確率分布に当てはめて「この差はどのくらいで起きうる確率なのか」を統計的に算出します。統計学的に起こり得る確率を算出して客観的な観点から事象の違いを捉えていくので、主観は排除された判断ができるわけです。

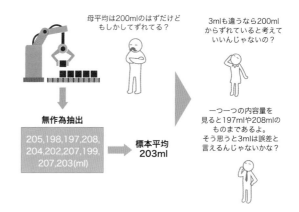

### サンプルサイズが統計的検定を左右する

　統計的検定で重要なのは、それぞれの事象の差異とサンプルサイズです。直感的にサンプルがたくさんあれば、それだけ生じている違いに信頼性が生まれます。先ほどのケースでは 10 サンプルしか抽出していませんが、これが仮に 10 万サンプルだとどうでしょうか?

　10 サンプル抽出した上での 203ml と、10 万サンプル抽出した上での 203ml では、後者の方が違いが生じていると言えますよね。統計的検定のアプローチでは、サンプルサイズが非常に重要なポイントになっているのです。

第一部　重要用語編　データサイエンスの基礎　データに隠された関係性を紐解くためのキーワード

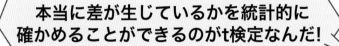
本当に差が生じているかを統計的に
確かめることができるのがt検定なんだ!

生産ラインに異常がある?

**標本**

標本から母集団を推定して
本当に異常があるか
判断したい

**母集団**

全数把握するのは
非現実的

**t検定**

・1標本の場合のt検定
・2標本の場合のt検定（標本分散が等しい）
・2標本の場合のt検定（標本分散が等しくない）

##  t検定って何?

　端的に言うと、t検定は「平均に差が生じているかを確かめるもの」です。しかし、何を持って差があるのかを判断すれば良いのでしょうか?

　P014で学んだ「母集団と標本」という考え方を思い出してください。統計学では、手元のデータから真のデータの構造を推定することが基本です。この時、母集団は全てのデータを、標本は抽出した一部のデータを指しています。そして、母平均と言えば「母集団の真の平均」、標本平均と言えば「標本の平均」です。

　t検定では、標本平均から母平均を推定し、真の母平均とずれているかいないかを検定します。本来であれば全てのデータを確認すれば良いのですが、全てのデータを確認するのは現実的ではありません。

## ⚛ t検定の考え方と種類

　では、t検定を行う際には、単純に標本平均を算出して想定される母平均との差を求めれば良いのでしょうか？ ここで重要なのが、分散の観点とサンプルサイズの観点です。母平均が100で標本平均が120で、何となく違いがありそうだったとしても、標本のデータが100、100、・・・10000、・・・100だったしたら、違いがあるとは言えません。明らかに異常値が混ざっていることによって、標本平均が上振れてしまっていますよね。よって、分散が小さい方が、違いがあると言いやすくなるはずです。

　では、母平均が100のはずである母集団からサンプルを10個抽出して、標本平均が120の場合と、サンプルを10000個抽出して標本平均が120の場合では、どちらの方が違いがあると言えるでしょうか？ 当たり前ですが、10000サンプルのほうですよね。つまり、t検定においては「分散の観点」と「サンプルサイズの観点」が重要になってくるわけです。

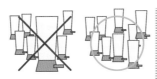
分散が大きいと違いがあるとは言いづらい

サンプルサイズが小さいと違いがあるとは言いづらい

**t検定のおいては分散の観点とサンプルサイズの観点が重要**

　そんなt検定ですが、実はいくつかの種類があります。大きく分けて次の3つです。データの構造や検証した仮説によって、t検定の中でも若干変わってきます。
①標本の場合のt検定
②標本の場合のt検定（標本分散が等しい）
③2標本の場合のt検定（標本分散が等しくない）

### サンプル数とサンプルサイズの違い

　似たような言葉に、サンプル数とサンプルサイズがあります。ある母集団から20個のサンプルを取り出した時、この20個はサンプル数とは呼ばず、サンプルサイズと呼びます。サンプル数は取り出す試行回数を指すので注意しましょう。

第一部　重要用語編　データサイエンスの基礎　データに隠された関係性を紐解くためのキーワード

# 1標本の場合のt検定

t検定の理論を数式から理解すれば、あらゆるシーンで統計的な意思決定ができる。

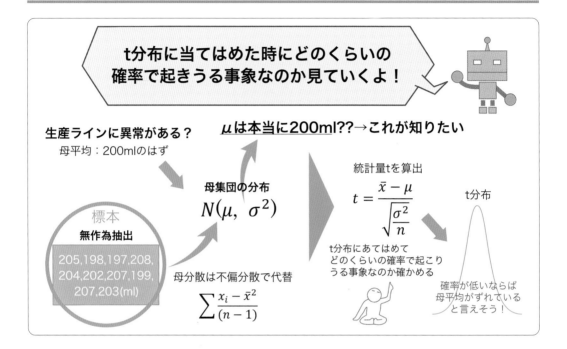

t分布に当てはめた時にどのくらいの確率で起きうる事象なのか見ていくよ！

**生産ラインに異常がある？**
母平均：200mlのはず

**μは本当に200ml??→これが知りたい**

**標本**
**無作為抽出**
205,198,197,208,
204,202,207,199,
207,203(ml)

**母集団の分布**
$N(\mu, \sigma^2)$

母分散は不偏分散で代替
$\sum \dfrac{x_i - \bar{x}^2}{(n-1)}$

統計量tを算出
$t = \dfrac{\bar{x} - \mu}{\sqrt{\dfrac{\sigma^2}{n}}}$

t分布にあてはめて
どのくらいの確率で起こり
うる事象なのか確かめる

t分布

確率が低いならば
母平均がずれている
と言えそう！

## 化粧品工場の事例で理解するt検定

　1標本の場合のt検定は、品質管理の分野でよく用いられることが多いです。得られたサンプルデータの母平均が想定している値に等しいかどうかを検定する場合に用います。

　「04 統計的検定」に出てきた化粧品会社の話を思い出してください。Aさんが製造した製品の中から無作為に10個ほど選んで内容量を測ったところ、次のようになりましたよね。
205,198,197,208,204,202,207,199,207,203(ml)

　そして平均値を計算すると203mlでしたが、設定は200mlよりも大きくなっているのでしょうか？

## 1標本の場合のt検定を数式から理解する

　この時、母集団が母平均$\mu$、母分散の正規分布$\sigma^2$に従っているとすると、母集団は$N(\mu, \sigma^2)$

に従っていると書くことができます。そして、問題は母平均 $\mu$ が 200 より大きいかどうなのかということです。本来、異常がなければ母平均 $\mu=200$ であるはずです。そして母分散は分からないのですが、得られた 10 個の標本から不偏分散という値を算出し、母分散として使っていきます。不偏分散は、$\sum \frac{x_i - \bar{x}^2}{(n-1)}$ で求めることができます。不偏分散 $\sigma^2 = \sum \frac{x_i - \bar{x}^2}{(n-1)}$、標本平均 $\bar{x}=203$、

サンプルサイズ $n=10$ より、t 検定において判定に使う統計量 $t$ を $t = \dfrac{\bar{x} - \mu}{\sqrt{\dfrac{\sigma^2}{n}}}$ で求めます。この式

はまさに、「平均との差」と「分散」と「サンプルサイズ」が関係しています。平均との差が大きく、分散が小さくサンプルサイズが大きい方が、$t$ の値は大きくなるはずです。この $t$ は、自由度（検定時に基準になる値）が $n-1$ の t 分布という分布に従うことが分かっています。

さて、今回のケースで t を計算してみると、2.4 となりました。この 2.4 は、今回サンプルサイズが 10 なので、自由度 9 の t 分布に従います。自由度 9 の t 分布において、2.4 はどのくらいの確率で起きうるのか確認するために 自由度 9 の t 分布表を見てみると、5% の確率で起こり得る統計量 $t$ が 1.833 であることが分かりました（巻末の t 分布表を参照）。

1.833 より今回の標本から算出された 2.4 は大きいので、さらに確率は低いです。すなわち、母平均 $\mu=200$ と考えて計算してみたところ、その結果、たった 5% も起こらないようなことになったということです。ということは、もともと想定していた $\mu=200$ は間違っていたのではないか、という結論になります。この時、5% 有意であると言います。

t 検定はこのように、真の分布の平均において違いが生じているのか否かを、限られた標本をもとに統計的観点から判断できる便利な手法なのです。

## t値が小さい場合はどうなる？

ちなみに、今回は t が 1.833 を上回ったので有意であると判定されましたが、これが下回った場合でも「有意でない」と言えず、「有意であるとは言えない」という結論しか導くことができません。「有意でない」と結論付けることはできないので注意しましょう。

07 カイニ乗検定

カイニ乗検定をマスターして、Webマーケティングの効果検証を加速させる。

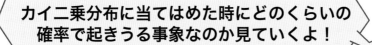

カイニ乗分布に当てはめた時にどのくらいの
確率で起きうる事象なのか見ていくよ！

## 効果的なメールはどっち？

|  | メールA | メールB |
|---|---|---|
| 送信 | 1060通 | 440通 |
| クリック | 60件 | 40件 |
| クリック率 | 約5.7% | 約9.1% |

メールBの方が効果的な気がする・・・

2つのメールが全く同じ効果
だった場合との乖離を算出

$$\Sigma \,(期待値-実測値)^2 \,/\, 期待値$$

カイニ乗分布にあてはめて
どのくらいの確率で起こり
うる事象なのか確かめる

確率が低いならば
2つのメールの効果
は違うと言えそう！

---

### ⚛ メールマーケティングの事例で理解するカイニ乗検定

　カイニ乗検定は分布の違いを検定する手法で、Web マーケティングの AB テストの際によく使われます。例えば、あるメール AB の効果を確かめるために、ランダムに振り分けたセグメントに配信して、結果は以下の通りになったとしましょう。

|  | クリックしなかった数 | クリックした数 | 配信数 |
|---|---|---|---|
| メール A | 1000 | 60 | 1060 |
| メール B | 400 | 40 | 440 |
| 合計 | 1400 | 100 | 1500 |

　この時、メール A とメール B では、どちらの方が良いと言えるでしょうか？ あるいは、違いがあるとは言えないのでしょうか？

# カイ二乗検定を数式から理解する

そもそも、AB のメールに違いがなかったとしたらどうなるでしょう？

合計で 1500 通送ったうち 100 通がクリックされているわけですから、A も B も 15 分の 1 がクリックされることになるはず。計算すると、A は「1060 × (1/15)=70.7」、B は「440 × (1/15)=29.3」となります。

でも、実際のところは A が 60 通で、B が 40 通となっています。これがたまたまなのか違いがあるのかを、カイ二乗検定により見ていくことになるわけです。ここで、「$\Sigma$（期待値−実測値）$^2$ / 期待値」を計算します。すなわち、この場合はクロス集計表の 4 セル全ての期待値を算出して、それぞれの実測値との値のズレの 2 乗を期待値で割ったものを、全て足し合わせていきます。この結果がカイ二乗値となり、5.88 となります。

なお、カイ二乗分布においても自由度が必要になり、「(行数 -1) × (列数 -1)」で求めます（今回の場合は 1 になります）。では、自由度 1 でカイ二乗値が 5.88 の場合は、どのくらいの確率で起きうるものなのでしょうか？

自由度 1 の時のカイ二乗分布の値は 5% で 3.84（巻末のカイ二乗分布表を参照）であり、5.88 は 3.84 を上回っていますので、5% 有意になります。つまり、A と B が同じ前提の時、この事象は 5% 未満の確率でしか起きず、違いがあると統計的に言えることになりました。

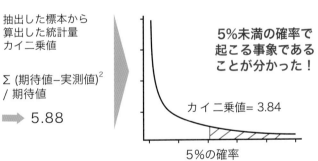

抽出した標本から
算出した統計量
カイ二乗値

$\Sigma$ (期待値−実測値)$^2$
/ 期待値

➡ 5.88

**5%未満の確率で
起こる事象である
ことが分かった！**

カイ二乗値= 3.84

5%の確率

### AB テスト

今回取り上げた AB テストを実務で行う場合、AB テストツールを使うことが多いので、実際にはカイ二乗検定を使うシーンは限られてきます。ただ、カイ二乗検定の概念を知っていると、ツールの結果に対しても正しい意思決定ができるので覚えておきましょう。

# 相関関係と因果関係

相関と因果の違いを理解すれば、多くの事象の裏に隠された関係性が紐解ける。

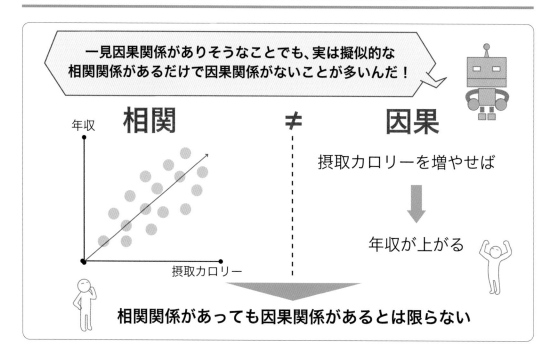

## 相関関係があっても因果関係があるとは限らない

　相関とは、あるデータ同士の関係性を数値化したもので、マイナスの相関からプラスの相関まで、－1〜＋1の範囲で表されます。例えば、気温とお店の売上にプラスの相関、正の相関があるならば、気温が高ければ高いほど売上も上がることになります。アイスクリーム屋さんなら気温と正の相関がありそうだし、おでん屋さんなら気温と負の相関があるかもしれませんよね。

　ここで注意しておいて欲しいポイントがあります。

　仮に「年収と1日の平均摂取カロリーには、負の相関関係がある」と聞いたら、皆さんはどのように思いますか？「年収を上げるためにカロリーを抑えよう！」と思うでしょうか？ 実際には、カロリーを低く抑えることによって年収が上がることは期待されません。相関関係があったとしても、因果関係があるとは限らないからです。この場合、「年収」と「摂取カロリー」の裏に、「年齢」という隠れた因子が存在するかもしれません。

　このような変数間の構造のことを交絡と呼び、このような見かけ上の相関のことを疑似相関と呼びます。一般的には、年齢が高くなると年収は上がります。そして年齢が高くなると、摂取カロリーは低くなるでしょう。そのため、摂取カロリーが低い人ほど年収が高くなったのです。

## 因果関係の見つけ方

　こんなケースの時、どのようにして因果関係を見つけていけば良いのでしょうか? 非常にシンプルなのが、層別解析という方法です。

　年収と摂取カロリーの間には年齢という交絡因子が存在するために、疑似相関が現れてしまいました。そこで、例えば10代・20代・30代・40代・50代・60代以上で層別化してみると、それぞれの層の中のデータでは相関はないことが分かるかもしれません。

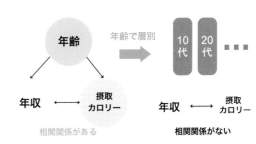

　しかし、この方法にも「層別するとサンプルサイズが減るので、各層での推定が不安定になる」という問題があります。また、層別には解析者の恣意性が入ってしまうことも、課題として挙げられます。

　なお、勝手に10歳ずつの区分で分けましたが、それが最適なのかは分かりません。20代ではなくて大学生と社会人の境目である22歳で区切ったほうが良いかもしれませんよね。

　また、測定されていない因子に対しては対処ができません。この場合、年収と摂取カロリーの調査データに年齢がデータとして紐付いてなければ、層別解析はできないのです。

### 因果関係とマーケティング

　ビジネスの世界では、相関関係や因果関係を見つけてアクションを取っていくことが当たり前のように行われています。もちろん、因果関係を紐解いていくことができればそれに越したことはないのですが、一般的に因果関係を見つけるのは非常に困難ですので、厳密に因果関係があることを示さず相関関係のみでアクションを取ることも多いです。相関関係と因果関係の違いを理解した上で、状況に応じてアプローチ方法を変えましょう。

第一部　重要用語編　データサイエンスの基礎　データに隠された関係性を紐解くためのキーワード

# 09 因果推論

世の中に存在する真の因果関係を紐解けば、ビジネスの意思決定が迅速になる。

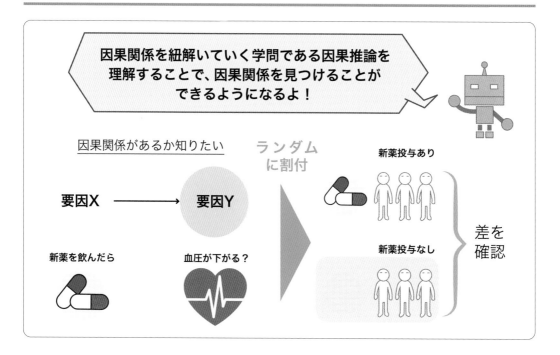

因果関係を紐解いていく学問である因果推論を理解することで、因果関係を見つけることができるようになるよ！

因果関係があるか知りたい

ランダムに割付

新薬投与あり

要因X ⟶ 要因Y

新薬を飲んだら

血圧が下がる？

新薬投与なし

差を確認

## 改めて、因果関係を一般的に定義すると？

　要因 X と要因 Y があるとします。「要因 X を変化させた時に要因 Y も変化する場合、X と Y には因果関係がある」と言います。この「変化させる」ことを、介入・処置などと呼びます。また、因果関係の強さ、つまり X を変化させた時にどれくらい Y が変化するのかを表したものを、因果効果と呼びます。

　因果効果は「同じ対象が介入を受けた場合と受けなかった場合の結果の差」と定義されます。例えば、血圧を下げると期待される新薬があった場合、A さんに新薬を飲んでもらった場合と、ただのビタミン剤を飲んでもらった場合を比較すれば、個人レベルの因果効果を正しく推定できます。しかし、同じ人に 2 通りのことをやってもらうのは物理的に不可能ですよね。それでは、因果効果はどうやって推定していけば良いのでしょうか？

## ⚛ 因果効果の推定方法

　結論から言って、個人レベルの因果効果を推定することは不可能です。しかし、集団レベルの因果効果であれば、方法はいくつかあります。

　ある集団を「新薬を飲んでもらう群」と「ビタミン剤を飲んでもらう群」に分けて、結果の差を見るとします。この場合、前者を「実験群・介入群・処置群」などと呼び、後者を「対照群・統制群・コントロール群」などと呼びます。集団の中のそれぞれの対象が、介入群と対照群のどちらになるかを決定させることを、割り付けと呼びます。

　では、集団をどのように割り付ければ良いのでしょうか?

　例えば、男性なら新薬を飲んでもらい、女性ならビタミン剤を飲んでもらうという割り付けをしてみます。すると、確かに結果の差を得ることはできるかもしれませんが、果たしてそれは新薬の効果によるものなのかが疑問です。性別に由来する影響かもしれません。このように、割り付けも適切に行わないと、交絡を引き起こしてしまうのです。

　最適な方法は、割り付けを完全にランダムに行うランダム化比較実験(RCT)という方法です。RCTでは、例えば一人一人にコインを投げてもらい、表なら介入群、裏なら対照群とします。

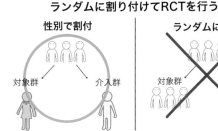

ランダムに割り付けてRCTを行う

性別で割付　　ランダムに割付

対象群　介入群　　対象群　介入群

　これによって、色んな因子があっても、2つの群の分布は平均的に等しくなることが期待されます。したがって、介入群と対照群の結果の差は新薬の投与によるものである、と結論付けることができます。

### RCTはどんな場合でも適用可能?

　RCTは使い勝手が良さそうに見えますが、デメリットもあります。例えば、ランダムな割り付けが倫理的にできない場合もあるでしょう。タバコと肺がんの関係を調べるために、「ランダムに割り付けた人々に1日10本のタバコを吸ってもらい、肺がんになるまで実験する」なんてことは倫理的に不可能ですよね。

# セレクションバイアス（選択バイアス）

世の中に存在する真の因果関係を紐解けば、ビジネスの意思決定が迅速になる。

因果推論の世界では割り付けの際によく起こってしまう
セレクションバイアスという罠が存在するよ！

自己選択バイアス

立候補

割り付けを志願制で
選定するとバイアスが生じる

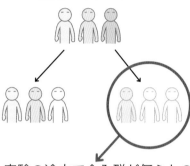

脱落バイアス

実験の途中で介入群が何らかの原因
で離脱してしまう（例：薬の副作用

## 因果関係を確認する際に生じるバイアス

　前項では因果推論について学びましたが、因果推論においては大きな課題としてセレクションバイアスというものが存在します。セレクションバイアスとは、因果関係を確かめるために対象となる集団をピックアップする際に起きてしまうバイアスのことです。セレクションバイアスに気を付けないと、何もない事象に対して因果関係を作り出してしまう危険性があるので注意してください。

　ここではメジャーなセレクションバイアスをいくつか取り上げたいと思います。

## 自己選択バイアス

　1つ目は「自己選択バイアス」です。

　タバコと健康の因果関係を調査するために、タバコを吸っている人で健康調査に協力してくれる人に募集をかけたとします。この時、調査に協力してくれる人は健康に自信のある人かもしれませんし、最近調子が悪く健康調査をしておきたい人かもしれません。そしてこの場合、調査に対する志願者に何らかのバイアスが生じてしまっているため、正しい因果関係を見出すことが難しくなる傾向にあります。

## ⚛ 脱落バイアス

　2つ目は「脱落バイアス」です。

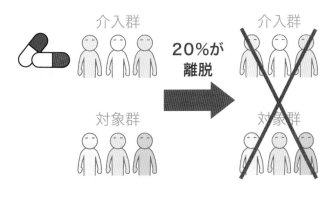

　特定の新薬の効果を確かめるために、ランダムに分けた2つの集団に対して、片方に新薬投与をしたとします。しかし、新薬の副作用で多くの人が体調を崩し調査に参加できなくなってしまった場合、残った集団で比較しても正しい因果関係は分からない可能性があります。

　世の中には多くのセレクションバイアスが隠れています。因果関係を紐解く際には、セレクションバイアスの存在に注意するようにしてください。

### 何気ないアンケートに潜むセレクションバイアス

　世の中に出回っている多くの調査には、少なからずセレクションバイアスが生じています。世論調査を電話で実施している場合や、サービスのコンセプト調査を特定のSNSだけを通して行う場合など、最初からターゲットとなる対象に選択のバイアスがかかってしまっているのは言わずもがなでしょう。

　皆さんもぜひ、世に出回っている調査結果を、セレクションバイアスの存在を意識しながら眺めてみると面白いですよ。

# 第一部

## 実践スキル編

統計学の観点から
マーケティング施策の
効果を最大化する!

用語の意味だけを理解しても、実際の現場でどのように使えるのかが分かっていないと意味がありません。そこで、実践編では「用語編で取り上げた知識」のいくつかをピックアップして、実際の現場でどのような課題が生じ、知識をどのようなアプローチで使っていくのかを具体的に見ていきます。知識と応用を並行しておさえておけば、データを使ってビジネスに価値を生み出していく準備はバッチリです。

## KeyWord

▶連続型確率分布
▶相関関係と因果関係
▶因果推論
▶カイニ乗検定

## 分布を確かめれば
## データの罠にハマらない

**KeyWord** ▶ 連続型確率分布

　とある「雑貨やアパレルを展開する事業会社」のデータサイエンス部門で働く2人のひよっこデータサイエンティスト「美咲」と「海斗」。実践スキル編では、この2人の視点から「データサイエンスの知識を現場で活かすには？」というテーマについて見ていきたいと思います。

　この会社では最近、ECの売上が低迷していました。そんな中、美咲と海斗はどうにか売上を上げる手立てはないか悩んでいました。

売上を上げる施策を考えないとなんだけど、全く思いつかないなー・・・売上を上げるにはどうしたら良いと思う？

売上を分解すると「顧客数×購入回数×購入単価」になるよね。でも、集客には限界があるし、購入回数をすぐに上げるのも難しいから・・・とりあえず、テコ入れできそうなのは購入単価だと思うんだけど。

なるほど。うん、でも購入単価ってそんな簡単に上げられるものなの？

今まで集客だけに力を入れてきていて、あまり既存のお客さんの購入単価を上げることを考えてこなかった気がするんだよね。例えば、購入金額に合わせて上手くクーポンを付与する施策を打てば、クーポンが欲しいお客さんの購入単価を上げることができるんじゃないかな。

たしかに、言われてみれば可能性はあるかも。それじゃあ、購入単価を上げる方法を少し考えてみようよ！

図1　売上の因数分解

# 売上＝顧客数×購入回数×購入単価

シンプルなビジネス構造の分解が重要です！

こうして購入単価を上げるための施策会議が始まったのです。複雑なロジックだと難しいので、一旦、ルールベースで「特定の購入金額以上の場合にクーポンを打つ施策」に落ち着きました。

 どうやって、クーポンが付与される購入金額の下限値を決めようか？

 顧客の購入金額の平均値を算出して、その平均値よりも若干高い金額を設定すればいいんじゃないかな！

　2人は顧客の平均購入単価を算出して、そこからクーポン付与される条件の下限値を決めることにしました。手元のデータから顧客の平均購入単価を集計すると4,500円になったため、500円プラスして5,000円という下限値を設定。1回の買い物で5,000円以上購入すればお得なクーポンがもらえるというインセンティブを働かせ、4,500円付近にとどまっている単価の顧客の購入単価を上げるという施策です。そして、5,000円以上の購入に対して次回購入時300円OFFのクーポンを付与することに決定しました。

図2　平均単価を算出してクーポンの下限値を設定

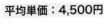
平均単価：4,500円

5,000円以上でついてくるクーポン
COUPON
300円OFF

購入単価が4,500円ほどのユーザーの単価を引き上げる！

ベーシックな施策に思えますが、今まで購入単価に応じたクーポン施策はしてこなかったため、大きな期待がかかる施策でしょう。ですが、なんとこの施策は大失敗という結果になります。

第一部　実践スキル編　統計学の観点からマーケティング施策の効果を最大化する！

施策の結果はどんな感じ？

それが・・・なぜか購入単価はほとんど上がらず、クーポンだけが付与されてしまっているみたいなんだよね。

え？　それはまずいよね。一旦施策を止めて、失敗の原因を追求しないと！

　さて、なぜこの施策は上手くいかなかったのでしょうか？

　このクーポン施策では、顧客の平均購入単価が 4,500 円であるため、そこをターゲットにクーポン施策を打ちました。しかし、この平均には大きな罠が隠れているのです。平均値をあたかもマス層と考えて施策を打ってしまうと、大きな失敗を生んでしまう可能性があります。

　ここで役立つのが P018 で学んだ「連続型確率分布」であり、購入単価の確率分布を見てみることがキーとなります。本当に 4,500 円あたりがマス層になっているのでしょうか？　分布を見てみると、図 3 のようになりました。

#### 図3　購入単価の二峰性分布

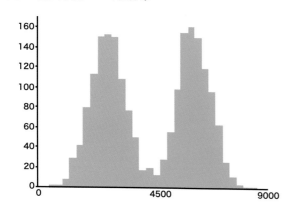

　平均値を算出すると 4,500 円だったのにも関わらず、分布を見ると 4,500 円付近にはユーザーがいないことが分かります。全体の分布が購入単価の低いセグメントと購入単価の高いセグメントに分かれていますよね。このような分布を、二峰性分布と呼びます。

　二峰性分布となってしまっている理由としては色んな仮説が立ちますが、例えば EC サイトにおいて定期的にセールをやっており、「セールの時だけ購入するユーザー」と「通常使いをしているユーザー」がいて顧客セグメントが 2 つに分かれている、などが考えられます。

　購入単価の低いユーザーにとっては5,000円は高すぎるので手が届かないし、購入単価の高い
ユーザーにとってはもとから5,000円を超えているので、何もせずとも勝手にクーポンがついて
きます。

図4　顧客に複数のセグメントが存在する可能性が高い

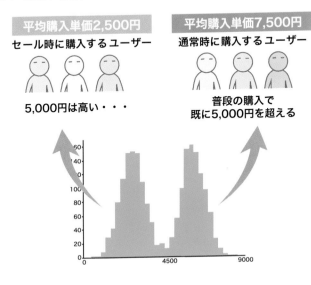

　これでは、客単価が上がることはそれほど望めないし、何もせずとも5,000円以上の単価で購入してくれる良質なユーザーにクーポンを付与して客単価を下げてしまうことになります。

　このように、分布を見ないで単一の指標だけでビジネスの意思決定をしてしまうと大変なことが起こってしまう可能性があるのです。

　分布を見ることの大事さを、理解していただけましたでしょうか？

顧客の購入金額の分布がこんな状態になっていたなんて。平均値という単一指標を鵜呑みにしてしまった僕の大ポカだよ！

分布を見るのって、こんなに重要なことなのね・・・。

　幸い、キャンペーンの修正がすぐに効いたので、普段の購入金額が低いセグメントのお客さんを特定し、そのお客さんだけに4,000円を超えたらクーポンを発行するキャンペーンを打ち出して、顧客単価を上げることに成功しました。

　ということで必ず、単一指標だけを見て判断するのではなく、分布を確認するクセをつけるようにしましょうね。

# 因果関係が
# 本当にあるかはどうかは分からない

**KeyWord** ▶ 相関関係と因果関係

　さて、なんとか分布の罠を乗り越えてクーポン施策を上手く実施できた美咲と海斗ですが、さらなる売上拡大に向けて議論を始めているようです。

 売上拡大のために購入単価を上げる取り組みをしてきたけど、他にも何かできることはないかな？

 実は、キャンペーンページを色々見ていて面白いことが分かったの。うちの会社ってたくさんキャンペーン打ってるけど、割と打ちっぱなしであまりちゃんと評価してないじゃない？　だから、キャンペーン別にお客さんの購入率を比較してみたのね。そしたら、キャンペーンページ A の購入率が非常に高いことが分かったの！

 おーすごい！それなら広告の訴求をキャンペーン A に寄せて、キャンペーンページ A への誘導をはかってみようよ！

　この会社では複数のキャンペーンを打っています。どのキャンペーンの効果が高いかを比較し

図5　キャンペーンページ別のCVR

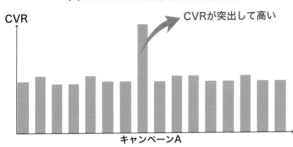

キャンペーンページ別のCVR（購入率）

はたして、結果はどうなったのでしょうか？

てみたところ、キャンペーンページ A の CVR（購入率）が非常に高いことが分かったので、このキャンペーンページに顧客を訪れさせるために、広告の訴求をこのキャンペーンに全面的に切り替えてページへの誘導をはかりました。

CVR（購入率）とは Conversion Rate の略で、Web マーケティングの領域でよく使われる用語です。Conversion はお客さんの態度が変容するタイミングを指し、この場合は購入を Conversion としていますが、場合によっては資料請求や会員登録などの時もあります。ビジネスによって適切な Conversion ポイントを設定して、トラッキングしていくわけです。

はたして、結果はどうなったのでしょうか？

結果はどうなってる？？？

それが全然ダメで・・・数字上ではあんなに CVR が高かったのに、広告の訴求をキャンペーン A に切り替えてお客さんを誘導しても全く CVR が上がらないのよ。

図6　トップページ上部へのキャンペーン記載

キャンペーンのお知らせ！

なんと、この施策の効果は全然良くありませんでした。何が起きたのでしょうか？

ここで登場するのが、P028 で学んだ「因果関係」です。

実は、このキャンペーンページのバナーは、今まで EC サイトのトップページの上部に大きく掲載されていました。つまり、EC サイトのトップページに訪れた人が目に入ったキャンペーンページをクリックして遷移するわけです。

ECサイトのトップページにわざわざ訪れる人は、リピートユーザーもしくは、そのECサイト名を検索して流入してくる購買意欲の高いユーザーが多いため、購入確率（CVR）は高いのが当たり前です。つまり、キャンペーンページに訪問した人が商品を購入しやすいわけではなく、商品を購入しやすい人がトップページに訪れて、たまたまキャンペーンページに遷移していたというわけです。

確かにこのような状況では、キャンペーンページと購入に相関はあっても、因果関係はありません。このようなデータの読み違えから「因果関係がある」と間違えて判断し、ビジネスにおける選択を誤ってしまうケースは非常に多いのです。注意してくださいね。

図7　ヘビーユーザーがトップページに訪問するので
　　　相関が生まれてしまう

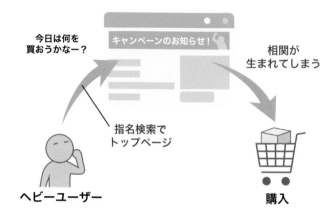

今日は何を
買おうかなー？

キャンペーンのお知らせ！

相関が
生まれてしまう

指名検索で
トップページ

ヘビーユーザー

購入

# 因果関係を突き止めるカギは、ランダム化比較実験（RCT）にあり！

KeyWord ▶ 因果推論

相関関係があるからといって、因果関係があるとは言えないのね。

じゃあ、複雑な要素が絡み合うビジネスシーンで、一体どうやって因果関係を確かめていけばいいんだよ！

　キャンペーンの効果を確かめて、効果の高いキャンペーンの訴求を強めることを考えていた2人は行き詰まってしまいました。では、どうすれば本当の意味で効果の高いキャンペーンを見つけることができるのでしょうか？

　ここで登場するのが、P030で学んだ「因果推論」です。そして、因果推論で最も一般的に使われる手法が、ランダム化比較実験（RCT）です。

　ランダム化比較実験では、比較したい事象以外の全ての要素がランダムに分かれるようにグループを形成し、グループ間の差を比較します。

　今回のケースでは、トップページの上部という露出面を固定しないと純粋な比較ができないので、面を固定したままランダムに2つのキャンペーンを出し分けてみることにしました。この時、前半1週間をキャンペーンA、後半1週間をキャンペーンBというように期間で区切ってしまうと、純粋な比較ができないので注意しましょう。前半1週間の間にECサイト全体で大規模なセールを行った場合など、外部要因が入ってきて純粋なキャンペーン比較ができなくなる可能性があるからです。

　よって、同タイミングでキャンペーンの出し分けを実施し、訪れたユーザーによってキャンペーンAとキャンペーンBを出し分けます（図8）。

**図8　同一期間でキャンペーンを出し分ける**

実際に特定の期間キャンペーンを出し分けた結果は、次のようになりました。

| | 購入しなかった訪問 | 購入した訪問数 | 全体の訪問数 |
|---|---|---|---|
| キャンペーンA | 200,000 | 200 | 200,200 |
| キャンペーンB | 40,000 | 30 | 40,030 |
| 合計 | 240,000 | 230 | 240,230 |

はたして、どちらの方が良いキャンペーンだと言えるのでしょうか?
　なお、実際に RCT で比較する際は、同じ比率で訪問数を割り振るので、このようにどちらかの
キャンペーンだけに訪問数が偏っているケースは稀です。

# 表面的な違いに惑わされず、
# 統計的な違いを確かめて意思決定を行う

**KeyWord** カイ二乗検定

　先ほどのキャンペーンの出し分け結果について、本当に差があると言えるのかを見ていきましょう。購入率を計算してみると、次のようになりました。

| | 購入しなかった訪問 | 購入した訪問数 | 全体の訪問数 | 購入率 |
|---|---|---|---|---|
| キャンペーンA | 200,000 | 200 | 200,200 | 約 0.100% |
| キャンペーンB | 40,000 | 30 | 40,030 | 約 0.075% |
| 合計 | 240,000 | 230 | 240,230 | 約 0.096% |

 ちゃんと購入率に差が出ているから、キャンペーンAの方が良いキャンペーンということで決まりね!

 確かに、キャンペーンAの方がキャンペーンBよりも約 4/3 倍の購入率になってるね。でもさ、本当に感覚値で違いがあると決めてしまっていいのかな?

皆さんはこの数値を見て、自信を持って「明らかにキャンペーン A の方が良いキャンペーンだ！」と言えるでしょうか？

ここで登場するのが、P026 で学んだ「カイ二乗検定」です。

カイ二乗検定を使って、統計的に本当に違いがあると言えるのか計算して確かめてみましょう。まず、キャンペーン AB が同じ効果だと仮定して、クロス集計表の 4 セル全ての期待値を算出し、それぞれの実測値との値のズレの 2 乗を期待値で割ったものを全て足し合わせていくことで、カイ二乗値は算出されます。

$$カイ二乗値 = \Sigma（期待値－実測値）^2 / 期待値$$

そして、そのカイ二乗値が大きければ大きいほど、キャンペーン AB が同じである状態との乖離が大きくなるので、統計的に有意であると判定される可能性が高くなります。その基準となるのがカイ二乗分布であり、カイ二乗分布と照らし合わせて、この値が何％ほどで起こりうる値なのかを見てみるのです。

キャンペーン AB に違いがない場合、合計で 240,230 訪問のうち 230 購入がされているので、A も B も購入する率は 230/240,230、購入しない率は 240,000/240,230 のはずです。

その前提のもとで A と B のそれぞれの購入・非購入の期待値を算出してみると、次のようになります。

| | 購入しない期待値 | 購入する期待値 |
|---|---|---|
| キャンペーン A | 200,200*(240,000/240,230)=200,008.3・・ | 200,200*(230/240,230)=191.7・・ |
| キャンペーン B | 40,030*(240,000/240,230)=39,991.7・・ | 40,030*(230/240,230)=38.3・・ |

これらの期待値と実測値から、次の式に基づいてカイ二乗値を計算すると、2.172 となります。

$$カイ二乗値 = \Sigma（期待値－実測値）^2 / 期待値$$

カイ二乗分布と照らし合わせて、この値が何％ほどで起こりうる値なのかを見てみます。自由度は「（行数 -1）×（列数 -1）=1」になるので、今回のケースでは自由度 1 のカイ二乗分布の値を確認します。カイ二乗分布のそれぞれの確率点の値は、巻末の「カイ二乗分布表」を確認してください。

確認すると、5% 点のカイ二乗値は 3.84 であり、2.172<3.84 のため、今回の AB の違いは 5%

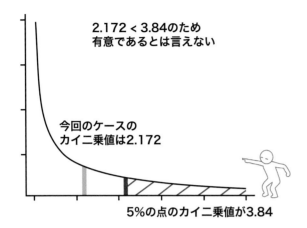

図9: カイ二乗検定の5%有意点と算出したカイ二乗値

2.172 < 3.84のため
有意であるとは言えない

今回のケースの
カイ二乗値は2.172

5%の点のカイ二乗値が3.84

以上の確率で起こりうる事象であることが分かります。すなわち、この結果から「5% 有意であるとは言えない、統計的に違いがあるとは言えない」ということが分かるのです (図9)。

　ということで、2人はちゃんと統計的検定を行い、感覚的な違いではなく統計的観点から違いの有無を判断することができました。

なんとなく数値を見て、それだけで判断してはダメだってことなのね〜。

どうしても主観が入ってしまうから、統計的検定を使って客観的に、本当に違いが生じているのかを判断していく必要があるんだね。理解した！

　一見違いがあるように見えても、統計的観点から見ると違いがあるとは言えない事象はたくさん存在します。皆さんも、データを見る際には注意してくださいね。

図10：統計的観点で判断することの重要性

| | 購入しなかった訪問 | 購入した訪問 | 全体の訪問 | 購入率 |
|---|---|---|---|---|
| キャンペーンA | 200,000 | 200 | 200,200 | 約0.100% |
| キャンペーンB | 40,000 | 30 | 40,030 | 約0.075% |
| 合計 | 240,000 | 230 | 240,23 | 約0.096% |

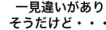

一見違いがあり
そうだけど・・・

統計的観点から見ると
違いがあるとは言えない！

感覚で判断するのではなく
統計的観点で判断しよう

## ☑ CheckPoint

- 特定の統計量だけで意思決定をせず、必ず分布を見るようにすれば、データのバイアスに惑わされることはない
- 相関関係があっても因果関係があるとは言えないということを意識していれば、「表面的な相関関係だけで意思決定を行ってしまい大きな失敗をしてしまう」なんてことはなくなる
- ランダム化比較実験（RCT）を行うことで、本質的な因果関係を突き止めることができる
- 統計的検定を行えば、勘と経験に頼ることなく、本当に事象の違いが存在するのかを確かめることができる

# 第二部

## 重要用語編

# 数理モデルと
# 機械学習の基礎

世の中の事象をモデル化し、
予測・分類するためのキーワード

第一部では、データをビジネスに活かす上で基本となる用語について学んできましたが、ここからはさらにもう一歩踏み込んで、機械学習を利用した攻めのデータ活用に役立つ用語をピックアップしました。機械学習を利用することで、人間が今まで判断していたような複雑な事象をモデル化し、機械に判断を任せることができるようになります。ぜひ、様々な業務の最適化や自動化を行えるようになりましょう。

## CONTENTS

# 01 数理モデル

数理モデルを使えば、世の中の事象をルールに落とし込めるようになる。

> 特定の事象を数式に落とし込んだものが数理モデル。
> 多くの人が普段何気なく使っているんだよ！

数理モデル・・・特定の事象を数式で表現したもの

（距離）＝（速度）×（時間）

（力）＝（質量）×（加速度）

機械学習では手元のデータから特定の事象を数式で表現することを試みる

$$y = ax + b$$

## 身の回りに数理モデルはたくさん存在する

　ここから機械学習の領域に入っていきますが、その前提となるのが数理モデルという考え方です。数理モデルとは、特定の事象を数式で表現したものです。数理モデルと聞くと難しいイメージを持ってしまうかもしれませんが、世の中には非常にシンプルな多くの数理モデルが存在します。

　例えば、速度と時間と距離の関係も一種の数理モデルになります。

（距離）＝（速度）×（時間）

　高校で習う数々の物理法則も数理モデルになります。

（力）＝（質量）×（加速度）

　当たり前のように使われているこれらの数理モデルですが、このようなモデルがあるおかげで現実世界の事象を解釈することができたり、モデルに当てはめて起きうる事象を予測したりする

ことができます。「100km 先の目的地に向かうのに平均時速 50km で向かうと 2 時間かかるな」と考えるのも、頭の中で速度と時間と距離の関係を表した数理モデルを使用して得られる出力をもとに行動しているのです。そしてこれから解説していく機械学習や今まで解説してきた統計学の根底には、この数理モデルの考え方が存在し、手元にあるデータを元に特定の事象をモデルに落とし込んでいくアプローチこそが機械学習であり統計学なのです。

## 数理モデルはどうやって構築する?

先述の速度と時間と距離の関係などは、既に数理モデルとして自明であり疑いの余地はないと思います。しかし、機械学習や統計学の領域では、手元のデータから数理モデルを新たに作っていくことになります。

例えば、年齢と年収の関係性を表した数理モデルを作りたいとしましょう。その際に、25 歳で 500 万円のデータと、40 歳で 2000 万円のデータが観測されたとします。このデータから、年齢と年収の関係はどのように表すことができるでしょうか?

この時、右図のように 2 つの点を通る直線を引き、これらのデータから以下の関係式を求めることが可能です。

(年収) = -2000 + (年齢) × 100

これがまさに、年齢と年収の関係性を表した数理モデルになります。実際はもっと多くのサンプルが存在するので、このように単純な 2 点を引いた直線でモデル化する

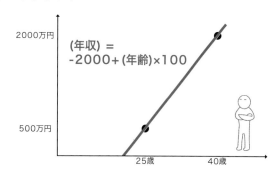

ことはありませんが、考え方としてはサンプルが増えても同じです。

---

### 新型コロナウィルスに対しての数理モデル

数理モデルは、全世界を混乱に陥れた新型コロナウィルスに対しても用いられました。これまでの感染者数や病床使用率、ワクチン接種者をはじめとする様々な情報から今後の感染者数を予測する時こそ、まさに数理モデルの出番です。

機械学習によって、ビジネスの自動化・最適化を行いスケールさせることができる。

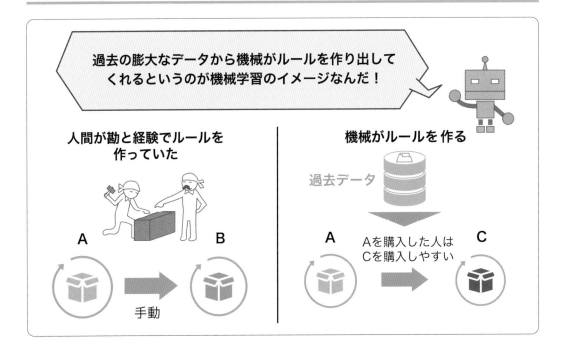

過去の膨大なデータから機械がルールを作り出してくれるというのが機械学習のイメージなんだ！

人間が勘と経験でルールを作っていた

A → B

手動

機械がルールを作る

過去データ

A → C

Aを購入した人はCを購入しやすい

##  機械学習って何？

　機械学習とは、その名の通り「機械に学習させてルールを作り出す」ということです。機械学習が登場する前は人間がルールを決めていました。レコメンドで言えば、「Aという商品を購入した人にはBという商品を紹介したいから、そのようなルールを決めよう！」というように、そこに存在するのは人間の勘と想像でした。このようなレコメンドシステムを、ルールベースレコメンドと呼びます。

　実際、このようなレコメンドはまだまだ使われています。そして、より精度の高いレコメンドを行うためには機械学習が必要です。「Aという商品を購入した人はCという商品を購入する確率が高いから、そのようなルールを作る」というように、現在存在するデータを学習して自動的に機械がルールを作っていくわけです。これこそが機械学習です。

　ところで、AIと機械学習の違いが曖昧になっているケースが多いのですが、「AIの一部が機械

学習に該当する」という関係です。人間が決めたルールに従ってアウトプットを出してくれる機械は、広い意味で AI になります。そして、データを与えればルール自体を作ってくれるのが機械学習なのです。

## 機械学習を使うと、どんなことができる？

機械学習で解決できる課題はいくつかありますが、ビジネスシーンでもよく行われるチャーン分析というアプローチについて見ていきましょう。ビジネスの世界でチャーンと言うと、解約や離脱を表します。すなわち、チャーン分析とは解約する顧客を予測するという分析手法です。チャーン分析により正確に解約顧客を予測することができれば、解約顧客を抑えることができます。右図のように、ユーザーごとに解約確率が分かれば、解約確率の高いユーザーだけにターゲティングして効率的に施策を打つことができるのです。

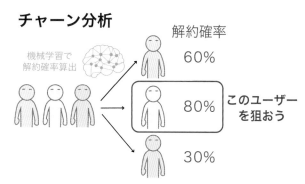

**チャーン分析**

機械学習で
解約確率算出

解約確率
60%

80% このユーザー
を狙おう

30%

顧客が離脱してしまうかどうかは、その顧客の過去データを使えば予測することができます。オンラインゲーム会員の解約を予測する方法を考えてみましょう。例えば「性別」「特定期間のログイン回数」「コイン数」など、様々な変数を作ることができます。このような変数を、機械学習の世界では特徴量と言います。そして、予測に効きそうな特徴量を作り出すことを特徴量エンジニアリングと言い、ここが予測に最も大きな影響を与えます。

様々な特徴量を洗い出せたら、実際にそれらをどの顧客がどれだけ解約しやすいかが事前に分かり、解約確率が高い顧客に効率的にアプローチすることが可能になります。

### 統計学と機械学習の違いは何？

統計学と機械学習の手法群は一部被っているものもありますが、機械学習と統計学では課題に対するアプローチのスタンスが異なります。統計学は現在のデータを解釈することが目的ですが、機械学習は未知のデータを正確に予測することが目的です。

# 教師あり学習と教師なし学習と強化学習

機械学習の各手法の違いを理解すれば、最適な場面で最適な手法を打ち出せるようになる。

**機械学習はその手法の特性によって
教師あり学習・教師なし学習・強化学習
に分かれるんだ！**

## 教師あり学習

売上や解約など正解データが
紐付いているデータに対して学習

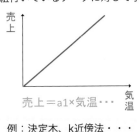

例：決定木、k近傍法・・・

## 教師なし学習

正解データが存在しない。現状
データのグループ分けなど

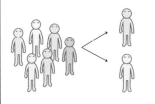

例：クラスター分析、
主成分分析・・・

## 強化学習

最終的な結果にのみフィード
バックして出力を調整

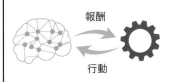

例：Q学習

## 教師あり学習

　機械学習には大きく分けて3つ、教師あり学習・教師なし学習・強化学習があるのですが、それぞれについて理解しておくことが大事です。

　教師あり学習は、正解が紐づいているデータを学習する手法のことを指します。例えば、お店の売上を気温だったり曜日だったり、いくつかの変数から予測したい時、これはお店の売上という正解データをもとに学習して予測するので教師あり学習です。

　また、売上のような量的データに対する予測ではなくて、お客さんが商品を購入するか否かのような 0,1 の質的データに対する予測タスクも存在します。前者を回帰タスクと呼び、後者を分類タスクと呼びます

　教師あり学習が最も一般的で、例えば「決定木（P068）」、「k 近傍法（P070）」、「ニューラルネットワーク（P096）」など、種類も無数にあります。

##  教師なし学習

教師あり学習では正解データが存在しましたが、教師なし学習では正解データは存在しません。現在存在するデータから何か特徴を導き出す時、セグメント分けを行う時などに使われます。右図のように、特定のデータ群に対してセグメントを切ることが可能です。

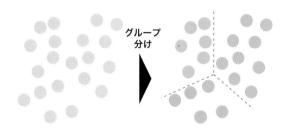

例えば、顧客の行動データを基にどんな層がいるのかセグメント分けする場合などは、教師なし学習を使います。元々セグメントが分かれているわけではなく、顧客の行動をインプットとして教師なし学習を使うことで、ヘビーユーザーやライトユーザーなど顧客の行動特性からセグメントが見えてきます。「クラスター分析 (P060)」、「主成分分析 (P064)」などの種類があります。

##  強化学習

強化学習は、エージェントと呼ばれる対象が特定の行動をした結果に対して報酬をフィードバックし、エージェントが報酬をたくさんもらえるように最適化していくことで、最終的に最適なモデルが構築されるというアプローチの学習方法になります。ペットのしつけをイメージすると分かりやすいです。ペットに対して指示を出した時、意図した行動をしてくれた場合はおやつをあげて、意図した行動をしない場合はおやつをあげないとします。その行動を繰り返すと、ペットはどうすればおやつがもらえるかを学習し、指示に対して最適な行動をするようになります。まさにこれが、強化学習の考え方なのです。

### 教師なし学習と教師あり学習の組み合わせ

実際のビジネスシーンでは、顧客の属性から教師なし学習でセグメントを作り、そのセグメントを1つの特徴量にして教師あり学習で購買予測モデルを作る「組み合わせアプローチ」が行われることもあります。

# 線形回帰分析

手元のデータからルールを見つけ出し、複数変数の関係性を理解する。

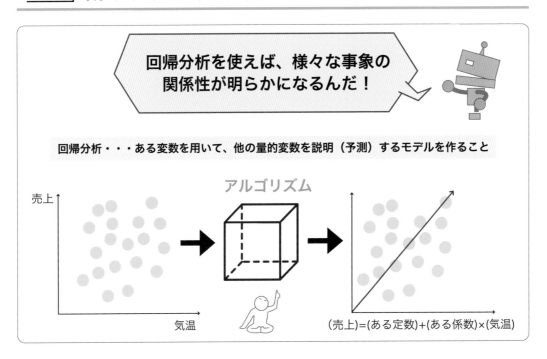

回帰分析を使えば、様々な事象の関係性が明らかになるんだ！

回帰分析・・・ある変数を用いて、他の量的変数を説明（予測）するモデルを作ること

アルゴリズム

売上

気温

(売上)=(ある定数)+(ある係数)×(気温)

## 線形回帰分析を使って売上を予測する

　線形回帰分析は教師あり学習の一種であり、簡潔に言うと「ある変数を用いて、他の量的変数を説明（予測）するモデルを作る」アプローチです。例えば、「ある日のアイスコーヒーの売上高を、その日の気温で説明する」時、次のような式で説明するモデルを作れます。

（アイスコーヒーの売上高）=（ある定数）+（ある係数）×（気温）

　（アイスコーヒーの売上高）のことを目的変数、（気温）のことを説明変数、（ある係数）を回帰係数と呼びます。このモデルがあると、気温から将来の売上をある程度予測できるようになり、結果、機会損失をなくして在庫を抑えることができるようになります。

　このように説明変数が1つの場合は、単回帰分析と呼びます。気温以外に「曜日」も合わせて売上高を説明したモデルを作りたい場合は、

（アイスコーヒーの売上高）=（ある定数）+（ある係数）×（気温）+（ある係数）×（曜日）
と説明変数が複数になり、これを重回帰分析と呼びます。

# 線形回帰分析の仕組み

　線形回帰分析のモデルを作る時には、どのような処理が行われているのでしょうか？

　「気温」と「アイスコーヒーの売上高」の関係性をマッピングすると、右図のようになります。この時、各点からの誤差が小さいような回帰線を作ることで、線形モデルを作ることができるのです。

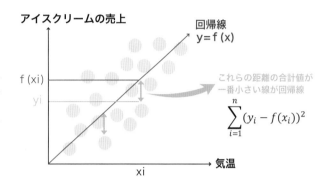

アイスクリームの売上

回帰線
$y = f(x)$

$f(x_i)$

$y_i$

これらの距離の合計値が
一番小さい線が回帰線

$$\sum_{i=1}^{n}(y_i - f(x_i))^2$$

$x_i$

気温

　ある日の気温とアイスクリームの売上のデータは多数あるはずなので、それをグラフにプロットします。そうすると、図のようにバラツキのあるグラフになるはずです。このグラフに対して、全てのデータプロットからの差が一番小さい線を引いて、それをモデルとしようというのが回帰分析のアプローチです。気温を $x_i$、売上 $y_i$ をとして、回帰式を $y = f(x)$ とした時、次の式を最小化することになります。

$$\sum_{i=1}^{n}(y_i - f(x_i))^2$$

このようなアプローチを、最小二乗法と言います。

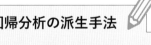
## 回帰分析の派生手法

　通常の線形回帰分析は、データに正規分布を想定しておりシンプルなモデルになっています。しかし、現実世界のデータは正規分布に従っていないことも多く、そんなにシンプルではないことが多いです。そこで、データ構造にポアソン分布や2項分布と呼ばれる分布などを想定した、一般化線形回帰分析という手法があります。

第二部　重要用語編　数理モデルと機械学習の基礎　世の中の事象をモデル化し、予測・分類するためのキーワード

0,1の値しか取らない問題が解けると、幅広いビジネス・ケースに対応できるようになる。

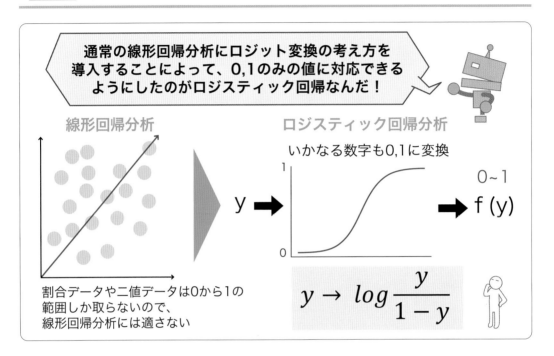

通常の線形回帰分析にロジット変換の考え方を導入することによって、0,1のみの値に対応できるようにしたのがロジスティック回帰なんだ！

線形回帰分析

ロジスティック回帰分析

いかなる数字も0,1に変換

$$y \rightarrow \log \frac{y}{1-y}$$

割合データや二値データは0から1の範囲しか取らないので、線形回帰分析には適さない

 **ロジスティック回帰分析を使って、割合データや二値データを予測する**

　ロジスティック回帰分析は、通常の線形回帰分析をレベルアップさせた一般化線形回帰分析の1つです。通常の線形回帰分析は、目的変数に連続変量を考えていました。しかし、世の中には「100人中70人治る病気」や「会社が倒産したかどうか」などの割合データや2値データが存在します。前者は0.7、後者は0か1であり、つまり値は0から1の範囲しかとりません。

　この時に線形回帰分析を行うと、推定された目的変数は負の値になったり1を超えたりする場合もあり、扱いに困ってしまいます。そんな時に用いる方法が、ロジスティック回帰なのです。以下の式に基づいてロジット変換を施したものを目的変数として回帰式を作り、最終的に得られた結果を元に戻すと、0~1に必ず収まります。

$$y \rightarrow \log \frac{y}{1-y}$$

　ところで、先述のとおりロジスティック回帰は割合データや2値分類データで利用されることが多いです。出力される値は割合なので、もし2値分類で用いる場合は、しきい値を基に2値に分類する必要があります。

　例えば、お客さんがある商品を購買するかしないかを予測するとしましょう。その場合、お客さんに対してロジスティック回帰が返してくれるのは、0~1の間の確率値。もし購入するか否かという0,1に変換したい場合は、特定のしきい値を元に振り分ける必要があります。

　ここで、右図を見てください。仮に出力された値が0.2, 0.6, 0.8だとしても、しきい値をどこに設定するかで、購入するか否かの判定結果は変わります。しきい値が0.5であれば、出力値が0.6, 0.8のお客さんが購入すると判定され、しきい値が0.7であれば出力値が0.8のお客さんのみが購入すると判定されることになるわけです。

　実際は、確率値がどのように分布しているかを見て最適なしきい値を決めてい

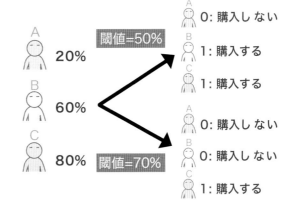

くことになります。また、そもそも購入するか購入しないかという0,1の状態に変換せず、確率値をもとに議論して確率が80%以上の人にアクションを取るという施策を行うことも多いです。

### ロジスティック回帰分析のような2値分類はどうやって評価する？

　2値分類には、、正解率・適合率・再現率という評価指標が存在します。正解率は全てのテストデータのうち当てることのできたデータの割合を示すのですが、クレジットカードの不正利用のようにほとんど起きない事象を分類・判別する時は、全て正常とみなすモデルの正解率が非常に高くなってしまいます。そこで、それとは別に不正が起きると予測したうち、本当に不正が起きた割合である適合率や、本当に不正が起きたうち不正と予測できた割合である再現率が評価指標に使われます。

# 階層的クラスター分析

大量のデータをグルーピングすると、データのパターンを見つけることができる。

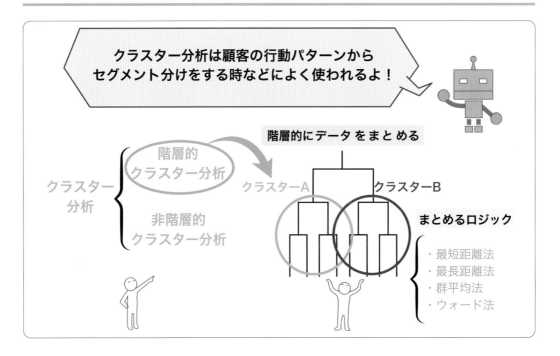

## 階層的クラスター分析って何?

　クラスター分析は教師なし学習の一種で、たくさんあるデータを基に特徴や傾向を見出し、いくつかのグループに分けていく手法であり、階層的クラスター分析と非階層的クラスター分析の2つのタイプがあります。

　階層的クラスター分析では、まずバラバラの状態の複数のデータを用いて個々の対象間の距離を全て計算し、その中で距離が最も短い対象同士を併合して最初のクラスターを作成します。そして、新しく併合されたクラスターも含めて他のデータと対象間の距離を再度計算し・・・というプロセスを繰り返して、全てのデータが1つのクラスターに属するまで計算を繰り返すのです。

　対象間の距離を算出する方法には、最短距離法・最長距離法・群平均法・ウォード法などがあります。例えば最短距離法であれば、それぞれのクラスターに属するデータのうち一番近いデータ同士の距離を算出します。

このようなプロセスを繰り返してクラスターが作成される過程を表したものを、デンドログラムと呼びます。

どの断面でグループを区切るかで、クラスター数とクラスターに属するデータは変わってきます。階層的クラスター分析では、この樹木のような構造を見ながら、どれくらいのクラスター数で分けるのが最適かを決定していくのです。

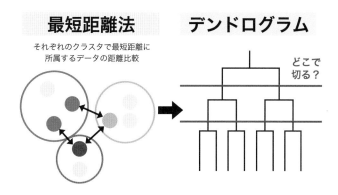

## 最短距離法
それぞれのクラスタで最短距離に所属するデータの距離比較

## デンドログラム
どこで切る？

 ## クラスター分析を使う場面

クラスター分析を使えば、お客さんの行動データや属性データを基に、いくつかのセグメントに分けることができます。あるセグメントは、年配の女性で購入金額が高い層、もう一方は若い男性で購入金額が低い層、などが考えられます。この2つのセグメントに対して行うコミュニケーションは変えるべきだということが分かりますよね。このようにセグメントの可視化を行い、セグメントのユーザー像を明確にすることで、マーケティング活動を効率化することが可能になります。

なお、セグメントの可視化においてユーザー像を想像するのはマーケターの腕の見せ所で、クラスター数を変化させてどのようなセグメント定義であれば最適なコミュニケーション設計ができるのか考えていくことになります。

### 教師あり学習の特徴量生成に使われるクラスター分析

教師あり学習を使うと、過去の顧客の購買という正解データから未来の購買を予測することが可能ですが、予測時にクラスター分析で得られたクラスターを特徴量として新たに追加して使うことがあります。これにより、インプットされるデータがリッチになって、他の特徴量では表現できなかったことが表現できるようになるのです。

# 非階層的クラスター分析のk-means法

大量のデータを高速に分類すれば、ビジネスシーンでの活用をもっと進められるようになる。

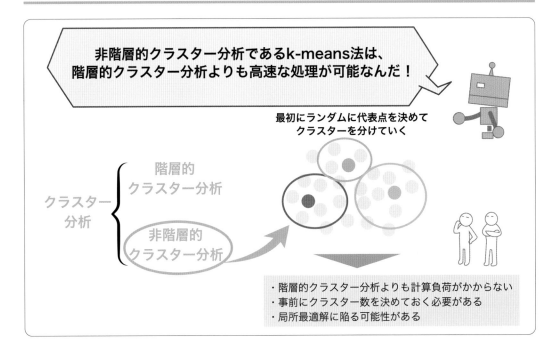

非階層的クラスター分析であるk-means法は、
階層的クラスター分析よりも高速な処理が可能なんだ！

最初にランダムに代表点を決めて
クラスターを分けていく

クラスター
分析
{
階層的
クラスター分析

非階層的
クラスター分析

・階層的クラスター分析よりも計算負荷がかからない
・事前にクラスター数を決めておく必要がある
・局所最適解に陥る可能性がある

 ## k-means法、3つのステップとは

　k-means法は、非階層的クラスター分析として非常によく使われる手法です、k-means法では、あらかじめ決めたクラスター数になるようにグループが分かれていきます。実際にどんなイメージで分類されているのかを見ていきましょう。次ページの図を見ながら、ステップを追っていってください。

Step1: 始めに代表点を適当に決めます。この際にあらかじめ決めたクラスター数が3つなら、3つの代表点が選ばれます。

Step2: ユークリッド距離を計算して、各データがどの代表点に近いかでグループ分けします。ユークリッド距離とは、最もよく使われる一般的な距離の指標です。

Step3: 各クラスターの重心を計算していきます。このクラスターの重心点が、次の代表点になります。

その後 Step2 に戻って、ユークリッド距離を計算して・・・というプロセスを繰り返し、最終的に代表点が動かなくなったら終了です。

右図のケースでは、最初のクラスターでは緑丸に属していたデータが、重心点を代表点とした後にピンク丸になりました。このように、k-means 法は単純なアルゴリズムでできています。階層的クラスター分析では、全てのデータ同士の距離を計算する必要があるため、指数関数的に計算量が増えてしまうのです

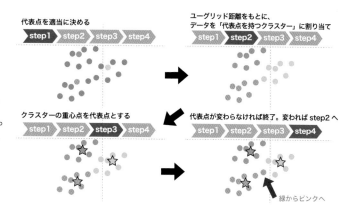

が、k-means 法なら代表点をランダムに決めた上で代表点との距離を計算すれば良いので、データ数が増えても計算量が増えにくいのが特徴です。

ただ、k-means 法は最初からクラスター数を決めないといけないため、どのくらいに設定するか悩む可能性があります。そのため、まずは少量データをランダムサンプリングし、それらのデータに対して階層的クラスター分析をかけて、全体の傾向やクラスターの固まり方を見た上でクラスター数を決定し、その上で全データに対して非階層的クラスター分析を実施するというアプローチが取られることもあります。

また、クラスター数を変化させながら、どのクラスタ数が最適になるかを確認するエルボー法と呼ばれるアプローチも存在します(詳細は実践編で解説します)。階層的クラスター分析と非階層的クラスター分析の特徴を理解して、適切に使い分けられるようになりましょう。

## k-means 法を改良したx-means法

k-means 法はクラスター数を最初に決めなくてはいけないという課題がありますが、最適なクラスター数を自動的に決めてくれる x-means 法などの手法も存在します。しかし、計算量が増えてしまうのと、k-means 法よりも局所最適解に陥りやすいので、クラスター数を事前にある程度決められるのであれば k-means 法が望ましいでしょう。

# 08 主成分分析

大量のデータの裏に隠れた共通要素を見つけ出せれば、ビジネスにもっと活かすことができる。

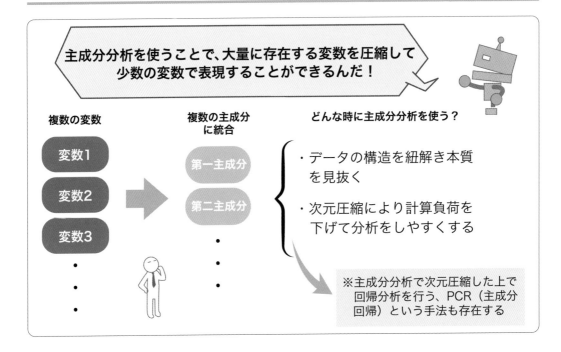

主成分分析を使うことで、大量に存在する変数を圧縮して少数の変数で表現することができるんだ！

**複数の変数**
- 変数1
- 変数2
- 変数3
- ・・・

**複数の主成分に統合**
- 第一主成分
- 第二主成分
- ・・・

**どんな時に主成分分析を使う？**
- データの構造を紐解き本質を見抜く
- 次元圧縮により計算負荷を下げて分析をしやすくする

※主成分分析で次元圧縮した上で回帰分析を行う、PCR（主成分回帰）という手法も存在する

## 主成分分析を使って次元を圧縮する

　主成分分析は、1900年代前半にイギリスの統計学者ピアソンやアメリカの経済学者ホテリングにより導かれた手法で、長い歴史を持っています。教師なし学習の一種であり、手元にあるデータの次元を圧縮し構造化するのに優れています（次元とは、変数の数を表します）。

　例えば、生徒それぞれに対して算数・国語・理科・社会の点数が変数として存在するとします。そんなデータセットに対して主成分分析をかけると、例えば点数の高さを表した変数と、文系か理系かを表した変数の、2つの変数に集約することができます。元々4つあった変数を2つの変数に集

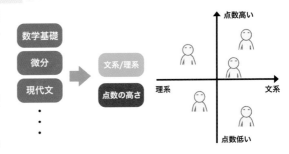

約することで、データをより分かりやすく解釈できるようになる可能性があるというわけです。

　4科目だけであればあまりメリットを感じられないかもしれませんが、例えば数学基礎・微分・線形代数・確率・現代文・古文・漢文・政治経済・現代社会など非常に多くの科目があった場合、それを2つの軸に分けるとシンプルで分かりやすくなるということが実感できるでしょう。

## 主成分分析が利用される場面

・データの構造を紐解き本質を見抜く

　主成分分析を行うことで、データの構造を紐解き本質を見抜くことが可能となります。例えば、マーケティングにおけるブランドコンセプト調査などで複数の項目を並べて評価をしてもらった場合に主成分分析をかけることで、複数項目をよりシンプルな軸で比較することができます。そうすることで、大量のデータを比較するだけでは見えづらかった顧客インサイトに迫ることができるかもしれません。よって、変数が多くデータの構造が分かりにくい時は、主成分分析をかけてみると良いでしょう。

・次元圧縮により計算負荷を下げて分析をしやすくする

　多次元データは計算負荷がものすごくかかります。そんな多次元データに対して主成分分析をかけることにより、次元が圧縮され計算負荷が大幅に下がり、分析アプローチがしやすくなります。ちなみに、多次元データに対しての効果的な回帰分析アプローチとして、主成分回帰(PCR)という手法が存在します。

### 主成分分析の恣意性

　教科の点数を、「点数の高さを表した変数」と「文系か理系かを表した変数」の2つの変数に分けることができるという話をしましたが、このように分かりやすく軸の意味を設定できるケースばかりではありません。多くの場合、軸の傾向を見ながらそれぞれの意味を考えていくのですが、そこには分析者の恣意性が介在してしまうことは注意しておきましょう。

# サポートベクターマシン

強力な教師あり学習手法を使って、人間の勘と経験から脱却する。

サポートベクターマシンは、高い精度を出力することができる強力な機械学習手法の1つなんだ！

## 境界付近に存在するデータのマージンを最大化するのが肝

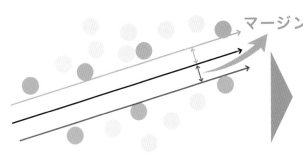

マージン ➡ 最大化できる線を引く

・カーネル法によって非線形分離にも対応できる

・マージンの考え方には、ハードマージンとソフトマージンが存在する

##  サポートベクトルのマージン最大化

サポートベクターマシンは、サポートベクトルが非常に重要な役割を担う手法です。あるデータが存在しており、右図のようにピンクの〇を判別したいとします。青〇と緑△のデータの間に判別のための境界線を引くことになりますが、どのように引くと良いでしょうか？

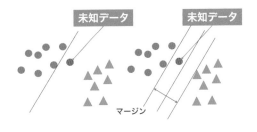

図左のように引いても、現状の青〇と緑△は判別できますが、境界線が青〇に近すぎて未知データは上手く判別できないでしょう。図右のように、ちょうど青〇と緑△の中間地点に境界線を引

いた方が良さそうです。

　この場合、見る必要があるのは境界に近い◯と△のデータです。これら境界に近いデータのことを、サポートベクトルと呼びます。サポートベクトルのマージン、すなわち距離が最大になるように境界線を引く方法が「マージン最大化」であり、サポートベクターマシンの肝になる部分です。

## カーネル法

　先の例では線形直線を引いて分類を行いましたが、データの構造的に線形直線では分類できないケースもあります。例えば、青◯が内側に緑△が外側に集まっている右図のようなパターンがあります。このような状態だと、

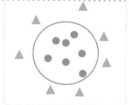

青◯と緑△を直線で線形分離しようとしても、上手くできないことが分かりますよね。この時、線形分離ではなく非線形分離を可能にする方法が、2つ目のカーネル法です。

　カーネル法では、元々のデータ空間を別の空間に変換して、変換先で線形分離を行います。2次元の平面上では線形分離できないように見えるデータでも、1次元追加して3次元にすることで線形分離できるようになる可能性があります。次元を拡張し、高次元空間において線形分離を行うことで、サポートベクターマシンはこのような非線形分離問題にも適用できるようになるのです。

 **過学習を防ぐ仕掛け**

　手元のデータに過度に適合してしまい、未知のデータに対する予測精度が下がる現象を過学習（P164で解説）と言いますが、サポートベクターマシンにはこの過学習を防ぐ仕掛けが施されています。「ある程度分類ができなくても良い」というマージンをソフトマージン、「なるべく完璧に分類する」というマージンをハードマージンと呼び、ソフトマージンを採用することで過学習を極力避けることができるのです。

# 決定木

決定木で現状を可視化すれば、複雑なビジネス問題を解く足がかりになる。

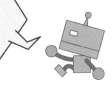

> 決定木は他の機械学習手法に比べて結果の
> 解釈容易性が高いから、分析の足がかりを
> つかむのに使われることが多いよ！

**ツリー構造で分類していく手法**

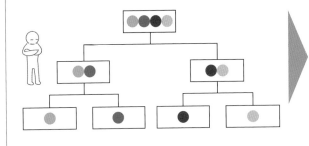

**特徴**

- **解釈容易性が高い**

  例）男性/20歳でWebサイトへの
  訪問が月に10回以上であれば、
  購入と判別する

- **単体での精度はそれほど
  高くないが、複数組み合
  わせることで強力な機械
  学習手法に**

  例）ランダムフォレスト, LightGBM

 ## 決定木は解釈容易性の高い手法

　決定木とは木構造でデータを分類していく手法で、結果の解釈容易性の高さから初期分析や説明に重きを置くフェーズでよく用いられています。機械学習手法の中では決定木よりも良い精度を出力する手法は多くありますが、必ずしも精度だけを追求するわけではないため、決定木のような解釈容易性の高い手法が使われることも多いです。

　決定木単体ではそれほど高い精度は見込めないのですが、アンサンブル学習という方法と組みわせることで最強の精度を叩きだす手法になります。アンサンブル学習とは簡単に言うと、複数モデルを作って色んな方法で組み合わせる手法です。決定木とアンサンブル学習を組み合わせたランダムフォレスト（P090）やXGBoost（P090）やLightGBM（P091）などは、非常に高い精度を出力できる強力な手法です。

# 決定木のイメージ

　右図の左のように、特定の3つのグループ、青○、緑△、赤□があり、それぞれにXとYという2つの変数があったとします。この時、Xが10以上であれば緑△、Xが10未満であれば青○赤□に分かれていたとします。また、Yが4以上であれ

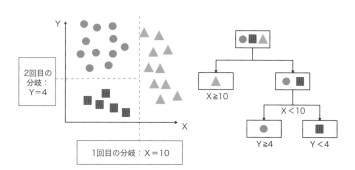

ば青○で、Yが4未満であれば赤□になったとします。このような状態を平面で表すと、図左のようになります。そして、これをツリー構造で分類したのが図右であり、これこそが決定木のイメージなのです。

　図右のツリー構造における分類された箱を、ノードと呼びます。そして、もうこれ以上分類されない最後のノードを、ターミナルノードと呼びます。

　今回の例では全てのデータが綺麗に分類されていますが、実際は完璧に分かれることがほぼありません。また今回のケースでは分岐が2回のみですが、分岐される木の深さは自由に決定することができます。

## 決定木を利用する場面

　決定木はどのような場面で使うことができるのでしょうか？

　決定木は、予測における初期分析や現状のデータの構造把握によく用いられます。例えば、ECサイトでお客さんが購入するかしないかを判別するモデルを作るとしましょう。お客さんの購買をモデル化するためには、そのお客さんの過去の購買データやWebサイト閲覧データなどのいわゆる行動データや、性別や年齢などの属性データから判別できそうです。

　決定木で分類すると、最終的なモデルを見ることで「男性で20歳でWebサイトへの訪問が月に10回以上であれば購入と判別する」というような分類ルールを可視化することができます。モデルの簡便さとアウトプットの分かりやすさが持ち味の分析手法なのです。

第二部　重要用語編　数理モデルと機械学習の基礎　世の中の事象をモデル化し、予測・分類するためのキーワード

# 11 k近傍法

シンプルで扱いやすいk近傍法なら、分析のスピードを加速させることができる。

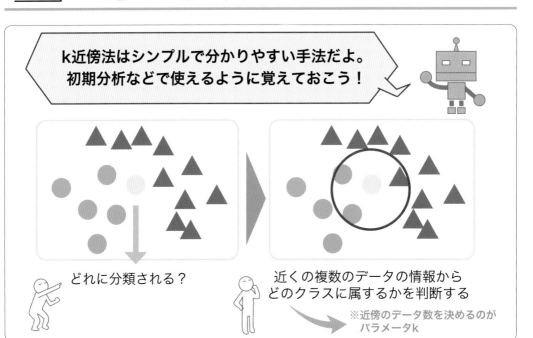

k近傍法はシンプルで分かりやすい手法だよ。
初期分析などで使えるように覚えておこう！

どれに分類される？

近くの複数のデータの情報から
どのクラスに属するかを判断する

※近傍のデータ数を決めるのが
パラメータk

##  k近傍法のイメージ

　k近傍法はデータを分類する時に活躍する手法であり、ある未知データが与えられた時、周りの学習データからその未知データの分類を決定するものです。k近傍法のkとは「手法に与えるパラメーター」で、近くに存在する学習データの数を示しています。

　例えば、右図のような状況ではどう判別するでしょうか？

　k＝3なので、未知データの周りの3つのデータを判断材料とします。そして、青〇が2つ、緑△が1つなので、未知データは青〇と判断されます。

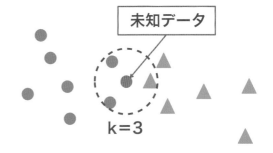

未知データ

k＝3

では、このkを5にすると、どうなるでしょうか？ k = 5なので、周りの5個を判断材料とします。右図のように青〇が2つ、緑△が3つなので、未知データは緑△と判断されます。kの値を変えることで、分類されるクラスが変わりました。

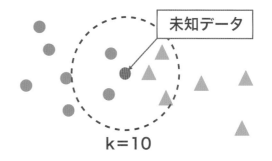

このように、k近傍法は他の機械学習手法と比べて非常にシンプルで、直感的に分かりやすい手法です。近傍のサンプルを特定する際の距離には、私たちが普段生活する中で使っている一般的な距離（ユークリッド距離と呼ぶ）を使うことが多いですが、他の特殊な距離の概念を使用することもあります。

## ⚛ k近傍法が利用される場面

k近傍法は分類の精度自体はそれほど高くありませんが、アルゴリズムの簡易性から分類タスクにおける初期モデル構築に使うことがあります。2クラス分類でも多クラス分類でも、どちらでも適用させることができ、データの構造は問いません。また、アルゴリズムの特性上、分類タスクに利用されるイメージがありますが、近傍の平均を取る形で結果を出力することで回帰タスクにも利用できます。また、さらに高い精度を求める上で、複数の機械学習モデルを組み合わせて最終的な結果を出力するアプローチがあるのですが、その中の1つのモデルとして採用されることもあります。

### kの値はどのくらいが良い？

k近傍法では、パラメータkの値によって分類ロジックが変わることが分かりましたが、kの値はどのくらいが適切なのでしょうか？

ちなみに、k = 1だと一番近くの1つしか判断材料に入らないということになり、これは最近傍法というk近傍法の特殊な例になってしまい、局所最適に陥りやすいです。逆に、あまりにも大きすぎるkの値は、データの構造が偏っている不均衡データに対して上手く分類できなくなってしまう可能性もあります。よって、小さすぎず大きすぎない値にした方が良いでしょう。特に意図がなければ、k=5にするのがベターです。

# 第二部 実践スキル編

機械学習手法を組み合わせ
顧客のインサイトを探り、
顧客生涯価値を最大化する!

機械学習の手法を複数理解したところで、どの手法をどんなシーンで使えばいいのかが分からないと意味がありません。そこで、ここでは用語編で学んだ機械学習手法をいくつかピックアップし組み合わせて、顧客のインサイトを探りながらどうやって事業の売上を上げていくのかを見ていきましょう。いきなりモデル構築をしようとするのではなく、本質的な課題がどこにあるのかを探っていくことが重要です。

KeyWord

▶機械学習

▶教師あり学習

▶教師なし学習

▶階層的クラスター分析

▶非階層的クラスター分析

▶ロジスティック回帰分析

# クラスター分析で、複雑なデータから特定の傾向があるグループをあぶり出す

**KeyWord** 教師なし学習、階層的クラスター分析、非階層的クラスター分析

　美咲と海斗はこれまで、キャンペーンの最適化や購入単価を上げる施策など単発の売上向上を考えてきましたが、EC の売上のベースを上げていくためには顧客の LTV（ライフタイムバリュー：顧客生涯価値）を高めていくことが重要だと考え始めていました。

　LTV とは、顧客 1 人あたり平均どのくらいの金額をそのサービスに投じるかという指標であり、昨今の様々なサービスの事業運営において重要な指標として定義されています。仮に、新規顧客が初回購入で 1,000 円の商品を購入したとして、その顧客がその後に毎月 1,000 円、6ヶ月の間購入続けてくれたなら、LTV は 6,000 円になります。

図1 **LTV の考え方**

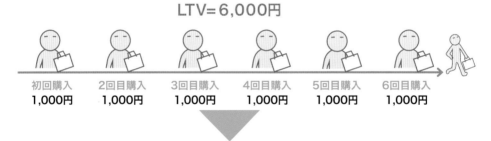

例えば、広告運用の際に、初回購入だけを見て広告の獲得単価を 1,000 円以内に収めようとするのは悪手です。もちろんキャッシュフローとの相談にはなりますが、LTV で見ると 6,000 円なので、広告の顧客獲得単価は 1,000 円以上に引き上げることが可能なのです。人件費や原価なども考えて獲得単価の上限は設定する必要がありますが、LTV の観点で広告単価を調整することで、機会損失を減らすことができます。

　LTV はそれだけ重要な指標であり、分析においても LTV をどのように上げていくことができるかを考えるのは非常に価値があり、事業貢献性も高いです。

LTVを上げるためにはどうすればいいと思う？

 リピートしてくれるように、ロイヤルユーザーにクーポンを配るというのはどうかな？

 確かにそれも1つのアイデアね。だけど、ロイヤルユーザーというのは具体的にどんな人なの？

 うーん・・・何となくよく購入してくれる人ってイメージだけど、具体的にと言われると表現するのが難しいなー。

 LTVを上げるためには、まずどんな顧客がいてどんなことを求めているのか、顧客像を明らかにしていくことが重要なんじゃないかな。私たちの会社はまだまだ顧客の理解が進んでいない気がするから、まずはどのような顧客がいるのかを把握することから始めてみようよ。

　LTVを上げるためには、まずどんな顧客がいて、どんなことを求めているのかを明らかにしていくことが重要です。
　では、どのようなアプローチを取っていけば良いのでしょうか？
　ここで登場するのが、教師なし学習であるP060で学んだ階層的クラスター分析と、P062で学んだ非階層的クラスター分析です。
　クラスター分析を使うことで、ラベルの付いていない大量のデータをそれぞれの特徴からグルーピングすることができます。そして、まずはどのくらいのクラスター数が最適なのか、あたりをつけるために階層的クラスター分析を使いましょう。
　とはいえ、いきなり全データに対して階層的クラスター分析を使うと、計算負荷が重く非常に多くの時間がかかる上に、解釈が難しくなり、クラスター数のあたりをつけることができなくなります。そこで、まずは100人ほどの顧客をランダムサンプリングでピックアップして、階層的クラスター分析をかけることにしました。この時、ランダムサンプリングをせずに恣意的にサンプリングをしてしまうと、全体の分布とサンプリングした分布が異なる結果になってしまうので注意しましょう。

さて、この時100人の顧客に対して、どんな特徴量があると良いと思いますか？

事業ドメインによって顧客に紐付けることのできる特徴量は変わってきますが、ECであれば、例えば直近1ヶ月間の訪問回数やページビュー数、購入金額などが考えられます。直近1ヶ月だけではなくて、直近2ヶ月間、直近3ヶ月間と期間の範囲を変えながら、別の特徴量を作るのも良いでしょう。この特徴量を作成する工程は非常に時間がかかりますが、非常に重要な部分でもあります。

ここではシンプルに、次の特徴量を作成しました。

・1ヶ月前の訪問回数と購入金額
・2ヶ月前の訪問回数と購入金額

**図2　顧客別のデータ**

顧客ごとに特徴量を集計

| 顧客ID | 1ヶ月前<br>平均訪問回数 | 2ヶ月前<br>平均訪問回数 | 1ヶ月前<br>平均購入金額 | 2ヶ月前<br>平均購入金額 |
|---|---|---|---|---|
| 1X11112 | 20 | 180 | 20,000 | 240,000 |
| ・・・ | ・・・ | ・・・ | ・・・ | ・・・ |
| 1Z8888 | 40 | 30 | 3,000 | 1,500 |

**図3　デンドログラム**

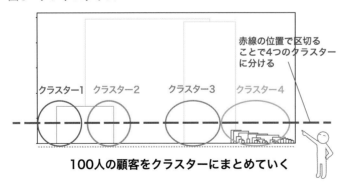

赤線の位置で区切ることで4つのクラスターに分ける

クラスター1　クラスター2　クラスター3　クラスター4

**100人の顧客をクラスターにまとめていく**

イメージとしては、図2のようになります。

これらのデータに対して、階層的クラスター分析をかけていくのです。実際に「1ヶ月前の訪問回数と購入金額」「2ヶ月前の訪問回数と購入金額」を100人分、階層的クラスター分析を使って分類をしてみると、図3のようなデンドログラムが描画されました。

この図をデンドログラムと呼びます。デンドログラムはトーナメントのような形をしていて、横軸には全てのサンプルが並んでいます。これらのサンプルがそれぞれ近いものから順に結合

していって、徐々に大きなクラスターを成すような図が、このデンドログラムなのです。今回は100サンプルに対して階層的クラスター分析を適用させているため非常に見にくいのですが、横

軸に並んだそれぞれのサンプルが結合しながら最終的に1つに集約されていく様子が見て取れます。

　さて、このデンドログラムをもとに、いくつのクラスターに分けるべきかを考えていくことになります。いくつのクラスターに分けるかは分析者の腕次第なのですが、今回のケースでは図3のように、4つに分けるのが一番綺麗にできそうです。

## エルボー法

　今回は階層的クラスター分析を行い、クラスター数のあたりをつけるアプローチを取りましたが、非階層的クラスター分析でも、クラスター数を徐々に増やしながらクラスター内誤差平方和がほとんど変わらなくなる点を探す「エルボー法」というアプローチを取ることで、最適なクラスター数を見つけることが可能です。

　クラスター内誤差平方和とは、各クラスターの重心から各点への距離の総和のイメージです。クラスター数を多くしていくとクラスター内誤差平方和は減少していくのですが、あるクラスター数を境にほとんど減少しなくなることがあります。そこを最適なクラスター数とするアプローチが、「エルボー法」になります。

　ただ、エルボー法を使えば必ず最適なクラスター数が見つかるというわけではありません。明確にクラスター内誤差平方和の減少が緩やかになるタイミングが分かれば良いのですが、そうでないとどこが最適なのか分かりません。その場合は、実際にクラスター数を分けた後の各グループの集計値を見ながら、最適な顧客セグメントを探っていくことになります。分析のテクニックだけではなく、ビジネスセンスが必要な領域です。

　さて、クラスター数が決まったら、全データに対して非階層的クラスター分析を適用させましょう。ただ、ここで終わりではありません。そのクラスター分けは本当に最適なのか、それぞれのクラスターはどのような特徴を持つのかを、クラスターごとの集計値を見ながら探っていく必要があります。

　非階層的クラスター分析でのクラスター分けが完了したら、続いて、それぞれのクラスターごとの「1ヶ月前の平均訪問回数と平均購入金額」「2ヶ月前の平均訪問回数と平均購入金額」を見てみましょう(図4)。

図4 　各クラスタの1ヶ月前、2ヶ月前の平均訪問回数と平均購入金額

| クラスター | 1ヶ月前<br>平均訪問回数 | 2ヶ月前<br>平均訪問回数 | 1ヶ月前<br>平均購入金額 | 2ヶ月前<br>平均購入金額 |
|---|---|---|---|---|
| クラスター1 | 203.4 | 196.3 | 199,968 | 199,984 |
| クラスター2 | 20.3 | 200.7 | 19,995 | 200,018 |
| クラスター3 | 194.3 | 198.9 | 190 | 190 |
| クラスター4 | 20.0 | 19.9 | 1,999 | 1,995 |

 クラスターごとの各変数の差を見ていると、特徴的な傾向が見えてきそうね。

 そうだね、差を見ながら、どんなお客さんなのか想像を膨らませてみようよ！

　図4を見ると、それぞれのクラスターにはどのような特徴があると言えるでしょうか？

　クラスター1は、1ヶ月前も2ヶ月前も平均訪問回数が200前後になっており、購入金額に関しても200,000前後になっています。他のクラスターと比較しても非常に高い頻度で訪問していて、購入金額の高いロイヤルユーザーであることが分かります。

　クラスター2はいかがでしょうか？

　クラスター2は、2ヶ月前に関してはクラスター1とほとんど変わらない標準なのですが、1ヶ月前の訪問回数と購入金額は大きく落ち込んでしまっています。すなわち、クラスター2は前まではロイヤルユーザーだったけど、訪問頻度・購入金額ともに落ちてきてしまっている離反ユーザーであることが分かります。

　クラスター3はいかがでしょうか？

　クラスター3は、訪問回数に関してはクラスター1と同様の基準なのですが、購入金額が非常に低いことが分かります。すなわち、クラスター3は頻繁に訪問はするが購入はしてくれない探

索ユーザーということになります。

　このような特徴を持つユーザーの場合、実際にユーザーが訪れているページを細かく見ていくことが効果的です。このようなユーザーは EC サイトの中の情報コンテンツなどに触れていることが多く、直接商品を購入する導線に訪れていないことがあります。その場合は、どのような情報コンテンツが商品購入に寄与しやすいかを分析して、コンテンツページから商品ページへの導線を強める施策を打つと良いかもしれません。

　最後に、クラスター4 はいかがでしょうか？

　クラスター4 は、訪問回数も購入金額も非常に低いユーザーであることが分かります。このユーザーはライトユーザーだと言えるでしょう。

**図5　各クラスターのユーザー傾向**

| クラスター1 | クラスター2 | クラスター3 | クラスター4 |
|---|---|---|---|
| ロイヤル<br>ユーザー | 離反傾向<br>ユーザー | 情報探索<br>ユーザー | ライト<br>ユーザー |

　このように、階層的クラスター分析で分かれたクラスターのそれぞれの特徴量の集計値を取ると、クラスターに属するユーザーの特徴が見えてくるのです。今回は乱数で恣意的にデータを発生させているので、ここまで綺麗に分かれましたが、実データではここまで綺麗に分かれることは稀であることは注意しておきましょう。

　ところで、ここではクラスター数が 4 つの場合だけの集計値を見てきましたが、実際は他のクラスター数でのクラスター分けも行い集計値を見てみることが重要です。先ほど解説した通り、最適なクラスター数は事前に分からないことがほとんどですので、クラスター数を変化させた上での集計値を見て、今後の分析を進める際や最終的な施策に落とし込む際にどのクラスター数が最適かを探っていきましょう。

> **クラスター分析をする前に、**
> **特定のユーザーを目で追って肌感をつかむことが大事**
>
> ここでは、顧客のセグメントを切る際に最初からクラスター分析を行いましたが、実際のケースでは、クラスター分析をする前にどのような顧客行動パターンがあるかなど、特定の顧客の行動データをピックアップして目検で確認することが重要です。そうしないと筋の良いクラスター群は作れませんし、行動の裏側に存在する消費者心理にも気付きにくいです。最初から機械学習手法に頼るのではなく、地道なデータ観察を怠らないようにしましょう。

# ロジスティック回帰分析を使って
# ユーザーの離反を防ぐ

KeyWord ▶ 教師あり学習、ロジスティック回帰分析

クラスター分析をかけることで顧客セグメントの解像度が上がってきましたが、これだけでは当初の目的である LTV を上げることはできません。LTV は、どのように上げていけば良いのでしょうか？

 だいぶ顧客セグメントがクリアになってきたよね。ここからどういうアプローチで、どのように LTV を上げていけばいいのかな？

 やっぱり、ライトユーザーをロイヤルユーザーに引き上げるべきじゃないかな。

 確かにそれもそうなんだけど、離反傾向ユーザーの離反を食い止める方が先にやるべきアプローチじゃない？ もしくは、情報探索ユーザーも頻繁に訪問はしてくれているから、何かをきっかけにロイヤルユーザーになってくれる可能性がありそうだよね。

うん、確かに！ それじゃあまずは、それぞれのクラスターに属するユーザーボリュームがどのくらいあって、どのくらいの遷移が起きているかを確認してみようよ。

　クラスター分析をして顧客セグメントが見えてきたら、そこからはそれらのクラスターがどのような状態なのかというのを可視化していく必要があります。実際に、現在の顧客の状態と、1ヶ月前の顧客の状態を比較した時にどのようになるのかを見てみましょう。

　仮に、図6のように顧客が遷移しているとします。外部からライトユーザーになるのが10人、ライトユーザーからロイヤルユーザーになるのが5人、情報探索ユーザーになるのが5人、ロイヤルユーザーから離反傾向ユーザーになるのが8人、離反してしまうのが2人、離反傾向ユーザーが実際に離反してしまうのが8人。ここでは、全く訪問しなくなることを離反と定義します。

　このような傾向がある時、ロイヤルユーザーを増やすためには、どこにテコ入れをするべきでしょうか？

図6　それぞれのクラスターの遷移状況

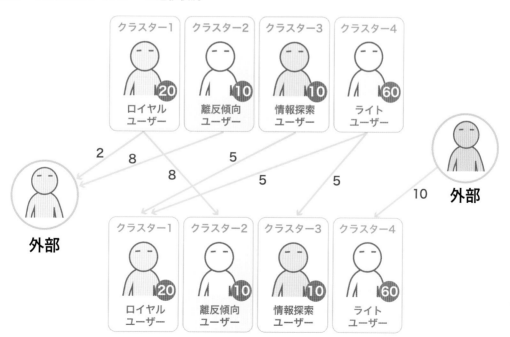

もちろん色んな考え方があるので唯一無二の正解はありませんが、せっかくのロイヤルユーザーが40%も離反傾向ユーザーになってしまい、そこから結果的に80%が実際に離反してしまっているので、離反を防ぐ方法を考えるのは1つのアプローチとして良さそうです。
※理解しやすくするためにこのような遷移にしていますが、現実的にはもっと複雑な遷移になります。

 こう見ると、やっぱり離反が課題かなー。

 そうだね。離反をもっと防ぐことができれば、結果的にLTVは上がると思う。でも、どうやったら離反する顧客を防ぐことができるのかな？

 離反しそうなユーザーを機械的に予測できると良いのだけれど・・・。

　さて、顧客のセグメントが分かり、それぞれの状況と課題が見えてきました。そして、LTVを上げるためには離反を防ぐことが1つのアプローチとして効果的であり、離反を防ぐなら「実際に離反しそうなユーザー」を事前に予測したいという課題設定が見えてきました。今までは「LTVを上げたい」という漠然としたお題だったのが、「離反しそうなユーザーを予測」するという明確な課題設定に落とし込むことができたわけです。
　ここで登場するのが、P054で学んだ教師あり学習です。教師あり学習の手法の中でも使いやすい、P058で学んだロジスティック回帰分析を使っていきましょう。今回は離反ユーザーを予測することが目的ですので、今まで使っていたデータに追加で、離反してしまうか離反しないかというラベルが各顧客につくことになります。
　また、今まで使っていた特徴量である「1ヶ月前の平均訪問回数と平均購入金額」「2ヶ月前の平均訪問回数と平均購入金額」だけだと予測するには心もとないので、他にもいくつか特徴量を追加した方が良いでしょう。

　この時、ロジスティック回帰分析では、図7のようにアウトプットが確率値で返ってくるので、しきい値を決めた上でそれ以上のユーザーに対してアクションを取るアプローチが取られます。例えば今回のケースでは、離反確率が80%以上のユーザーに対してクーポンを送付するなどが考

**図7　ロジスティック回帰分析による出力**

新しい特徴量を追加

| 顧客ID | 離反フラグ | 1ヶ月前<br>平均訪問回数 | 2ヶ月前<br>平均訪問回数 | 1ヶ月前<br>平均購入金額 | 2ヶ月前<br>平均購入金額 | ・・・ |
|---|---|---|---|---|---|---|
| 1X11112 | 1 | 20 | 180 | 20,000 | 240,000 | |
| ・・・ | ・・・ | ・・・ | ・・・ | ・・・ | ・・・ | |
| 1Z8888 | 1 | 20 | 180 | 20,000 | 240,000 | |

80%以上のユーザーにクーポン送付

20%　　30%　　70%　　80%　　50%　　40%　　COUPON

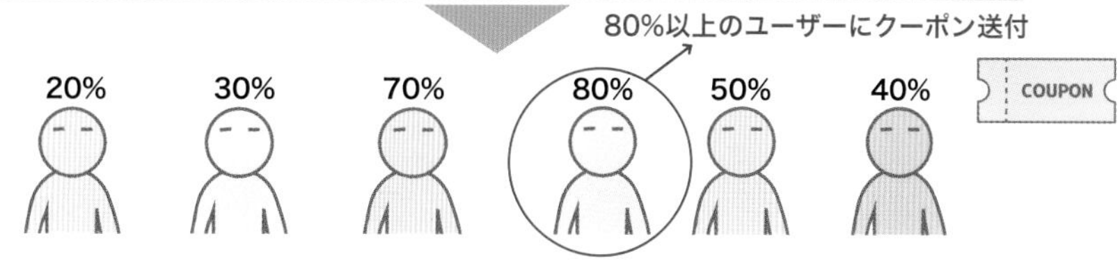

えられます。どのアクションが効果的かは、筋の良さそうな複数のアクションを策定した上で、P030 で学んだ因果推論の観点でランダム化比較実験を行って確認しましょう。いくら離反するユーザーが分かっても、離反を防ぐことができなければ意味が無いのですから。

---

## いくら予測精度が高くても、アクションにつながらなければ意味がない

　機械学習プロジェクトを進めるにあたって、予測精度を上げることだけに注力してしまうことがあるのですが、それは危険です。もちろん高い予測精度を出力するのは大事ですが、いくら予測精度が高くても、それをアクションにつなげてビジネスに良いインパクトを与えることができないと意味が無いのです。

---

　ではここで、モデル構築から予測までの流れについて簡単に確認しておきましょう。
　ロジスティック回帰分析を始めとした教師あり学習を用いてモデルを作る際には、まず学習データとテストデータの 2 つに分ける必要があります。学習データと検証データとテストデータの 3 つに分けることもありますが、ここではとりあえず学習データとテストデータの 2 つに分け

第二部　実践スキル編　機械学習手法を組み合わせ顧客のインサイトを探り、顧客生涯価値を最大化する！

る必要があるのだと覚えておいてください。

　全てのデータを使ってモデルを作ってしまうと、手元にあるデータに対して過度にフィッティングしてしまうモデルが作られてしまい、将来の未知のデータを上手く予測できなくなる可能性があります（これを過学習と呼び、P164で改めて解説します）。

図8　**学習データとテストデータの分割**

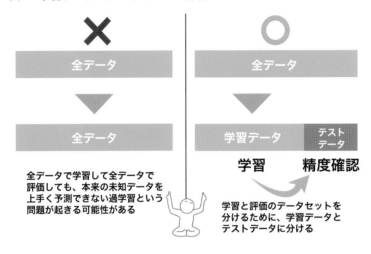

過学習に陥らないためには、図のように手元のデータを学習データとテストデータに分割し、学習データでモデルを作成した上で、テストデータでモデルの精度を確認します。

　モデルを作る際は、特徴量を足したり外れ値を除外したりなど様々な処理を行いながら、精度の高いモデルを作っていきます。そして最終的に、テストデータでの精度が高いモデルを採用することになるのです。美咲と海斗の2人はロジスティック回帰分析を使って離反予測を行うモデルを作り、離反しそうなユーザーにアクションを行うことで、全体的なLTVの向上に寄与することに成功しました。

ロジスティック回帰分析を使ったおかげで、離反しやすい顧客を特定することができたよね。

最終的にはロジスティック回帰分析を使うことになったけど、最初の顧客理解のところでしっかりクラスター分析をして、現状の課題を特定できたのが良かったんじゃないかな。

そうね。最初からモデル構築ありきで分析を進めるのではなくて、様々な観点でデータを見ながら現状の課題を特定していくことが重要なのね！

　第2部実践編では、LTVを上げるという目標に対してまずは教師なし学習のクラスター分析を使い、顧客の特徴からグループ分けをしてきました。それにより、大きく4つの顧客グループが存在することが分かり、さらにその中でも離反割合が非常に高いことが大きな課題であることが分かりました。そこで、離反をできるだけ防ぐために、教師あり学習のロジスティック回帰分析を使って離反確率を顧客ごとに算出し、最適なマーケティング施策を実行するところまで見てきました。

　このように機械学習手法を使うことで、顧客の状態を可視化した上で課題をシャープにし、その課題を解決することができるのです。

## CheckPoint

- 大量のデータから特徴を見出してグループ分けするには、クラスター分析が有効である
- ロジスティック回帰分析を使うことで、顧客が解約してしまう確率を算出し、解約しそうな顧客を特定することができる
- 実際にどのようなアクションが効果的なのかは、ランダム化比較実験で確かめる

第二部　実践スキル編　機械学習手法を組み合わせ顧客のインサイトを探り、顧客生涯価値を最大化する！

# 第三部

## 重要用語編

# 機械学習の応用

強力な機械学習手法を理解し
ビジネスシーンで扱うためのキーワード

第三部では、ビジネスシーンでよく利用される、勾配ブースティング木をはじめとする強力な機械学習や、昨今の AI ブームのきっかけになったディープラーニング、そして日夜研究がされている自然言語処理の領域など、ぜひおさえておきたい用語をピックアップして学んでいきます。多くの手法やアプローチが登場しますが、それぞれの用語の特徴を理解しておけば、適切なシーンで使いこなせるようになるでしょう。

## CONTENTS

# アンサンブル学習

精度の低いモデルを組み合わせれば、精度を高くしていくことができる。

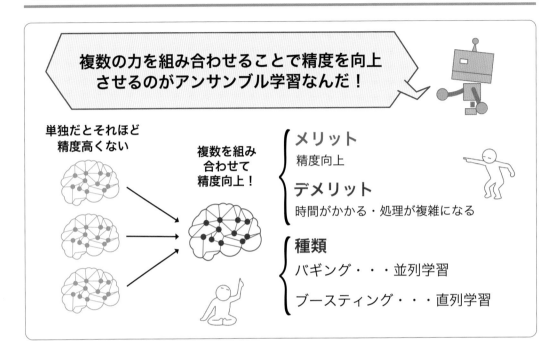

複数の力を組み合わせることで精度を向上
させるのがアンサンブル学習なんだ！

単独だとそれほど
精度高くない

複数を組み
合わせて
精度向上！

メリット
精度向上

デメリット
時間がかかる・処理が複雑になる

種類
バギング・・・並列学習
ブースティング・・・直列学習

## アンサンブル学習は機械学習の精度向上を期待できるアプローチ

アンサンブル学習とは、モデルを複数用いて組み合わせることで高い精度を出力する学習方法です。単独では高い精度の見込めない手法でも、アンサンブル学習を行うことで精度を高めることが可能です。とはいえ、どんな手法でも組み合わせれば良いわけではありません。複雑に組み合わせれば組み合わせるほど学習に時間がかかるので、実務ではほとんど複雑なアンサンブル学習は行いません（Kaggle と呼ばれるデータ分析コンペティションでは、多数のモデルを構築し最終結果を算出することもありますが）。

## アンサンブル学習の種類

アンサンブル学習には大きく分けて 3 つのタイプ、「バギング」「ブースティング」「スタッキ

ング」があります。その中でも特に有名な、バギングとブースティングについて見ていきましょう。バギングとブースティングは学習方法が異なります。

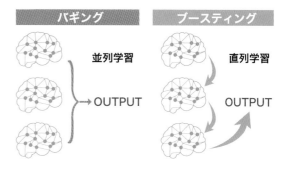

・バギング

　バギングは、並列的にモデルを構築し、それぞれのモデルの総合的な結果を用いるという手法です。バギングを行うことで、バリアンスをおさえることが可能になります。例えば、「ランダムフォレスト」(P090)はバギングと決定木を組み合わせた手法であり、学習データに対していくつも決定木モデルを作成し、それぞれの結果を集約して最終結果を出力します。

・ブースティング

　バギングは並列でしたが、ブースティングは直列的に学習していきます。最初のモデルで上手く推定できなかった部分を推定するために、重みを付けて次のモデルで学習を行います。ブースティングではバイアスを小さくすることが可能です。決定木とブースティングを組み合わせた手法が、XGBoost (P090) や LightGBM (P091) であり、非常に高い精度を出力します。一般的にブースティングの方がバギングより高い精度が見込めますが、学習に時間がかかります。

### アンサンブル学習は最後の手段

　ランダムフォレストや XGBoost、LightGBM などは確立されたアンサンブル学習手法なので、単独で最初から使いますが、その他にも k 近傍法とニューラルネットワークの結果をアンサンブル学習するようなことも起こりえます。ただ、精度を上げる上ではアンサンブル学習にこだわるよりも、まずは新たな特徴量を作り出したり単独のモデルでチューニングした方が良い場合が多いです。

第三部　重要用語編　機械学習の応用　強力な機械学習手法を理解しビジネスシーンで扱うためのキーワード

# 決定木をアンサンブル学習した手法群

強力な機械学習手法を理解すれば、様々なビジネス課題を解決できるようになる。

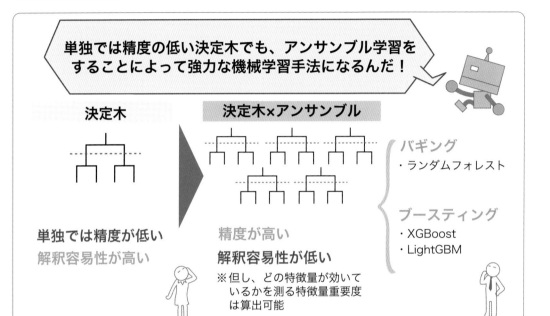

単独では精度の低い決定木でも、アンサンブル学習をすることによって強力な機械学習手法になるんだ！

決定木

決定木×アンサンブル

単独では精度が低い
解釈容易性が高い

精度が高い
解釈容易性が低い
※但し、どの特徴量が効いているかを測る特徴量重要度は算出可能

バギング
・ランダムフォレスト

ブースティング
・XGBoost
・LightGBM

 ## 決定木×アンサンブル学習手法の種類

　単体だとそれほど高い精度の見込めない決定木をアンサンブル学習した、強力な機械学習手法群が存在します。

・ランダムフォレスト

　ランダムフォレストは決定木をバギングした手法です。複数の決定木モデルを作り最終的に全ての結果を統合（回帰の問題では平均、分類の問題では多数決）して、1つの予測結果として出力します。

・XGBoost

　XGBoostは決定木をブースティングした手法です。バギングは、それぞれの決定木モデルを並列で独立して学習していきますが、ブースティングを用いたXGBoostでは直列に複数の決定木

を生成して精度を改善していきます。前の決定木では上手く判別できなかった部分に焦点を当てて、次の決定木で学習していきます。単体だと上手く判別できない要素も、複数の決定木を直列に組み合わせることで判別できるようになるのです。

・LightGBM

　LightGBM は XGBoost を改良した手法であり、同じく決定木をブースティングによりアンサンブル学習した手法になります。LightGBM には「ライトに実装できる、計算負荷が軽く実装できる」という特徴があります。

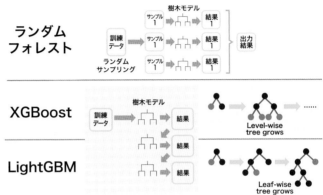

　XGBoost を含む通常の決定木モデルは階層を合わせて学習していき、これを level-wise と呼びます。一方、LightGBM は葉ごとの学習を行い、leaf-wise と呼びます。この学習手法の違いにより、LightGBM は比較的高速に最適解を得ることが可能になります。

## ⚛ アンサンブル学習した決定木モデルを使う場面

　ランダムフォレスト、XGBoost、LightGBM は非常に強力な機械学習手法であり、単体で高い精度を出力します。一方で、結果を解釈するのにはそれほど向いていません。精度と解釈容易性は比較的トレードオフの関係にあるため、解釈容易性を求めるなら決定木を用いたほうが良いです。精度を求めるなら、ランダムフォレスト、XGBoost、LightGBM などの機械学習手法を使いましょう。

### 結局どの手法の精度が高い？

　結局、どの機械学習手法を使えば良いのでしょうか？ データによって結果は変わるので一概には言えませんが、LightGBM が比較的高い精度を出力する上に計算も早いので、精度を求めるならまずは LightGBM を使えば問題ありません。

# 03 ベイズ統計学

ベイズ統計学を学べば、頻度主義の統計学とは違ったアプローチを取れるようになる。

ベイズ統計学は複雑な課題を解く
ために柔軟にモデリングできるアプローチ
として、よく使われているよ！

## ベイズの定理
確率から確率分布に拡張

$$p(A|B) = \frac{p(B|A)p(A)}{p(B)}$$

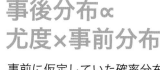

事後分布∝
尤度×事前分布

Bが起きた上でAが
起こる条件付き確率

Bが起こる確率

事前に仮定していた確率分布
を手元に得られたデータで
新たな確率分布に更新する

## って何?

　ベイズ統計学は、伝統的な頻度主義の統計学とは違う確率的な考え方を用いた統計学です。統計的検定（P020）などは、頻度主義の統計学になります。ベイズ統計学の基本となるのがベイズの定理であり、$p(A|B) = \dfrac{p(B|A)p(A)}{p(B)}$ と表されます。$p(A|B)$ は、$B$ という事象が起きた上で $A$ が起こる確率を表しており、条件付き確率と言います。この式だけ見ていてもイメージが湧かないと思うので、具体的な例を取り上げていきましょう。

　ある町で100人に1人かかる病気Aがある。病気Aにかかった人が検査Bを受けると、9割が陽性と判定される。健康な人が検査Bを受けると、9.5割が陰性と判定される。陽性と判定された時、病気Aにかかっている可能性はどのくらいか？

　直感的には、陽性と診断された場合、高確率で病気にかかっていると判断して良さそうな気が

しますが、実はそんなことはありません。仮に1万人規模で考えると、右図に記載の表のようになりますよね。病気か否かをAで表して、陽性か否かをBで表すことにしましょう。TとFは、TrueとFalseの略です。実はこのように改めて考えてみると、たとえ陽性が出ても、本当に病気である確率は90/585 = 0.154、すなわち15.4％しかないのです。

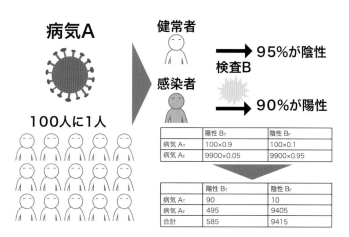

##  ベイズの定理に当てはめるとどうなる?

　ベイズの定理に当てはめて考えてみましょう。今回のケースでは「$A$：病気である事象」「$B$：陽性と判定される事象」となっています。求めたいのは、$p(A|B)$：陽性と判定された時に、本当に病気にかかっている確率です。ベイズの定理を使えば、$p(A|B)$ を求めるのに $p(A)$、$p(B)$、$p(B|A)$ の情報さえ分かれば良さそうです。それぞれの確率は次のとおり。

$p(A)$：病気にかかっている確率 = 0.01
$p(B|A)$：病気にかかっている時に陽性と判定される確率 = 0.9

　あと必要なのは「$p(B)$：陽性と判定される確率」だけです。$p(B)$ は、「$A$ が起こる確率と、$A$ が起こった上で $B$ が起こる条件確率を掛け合わせたもの」と「$A$ が起こらない確率と、$A$ が起こらない上で $B$ が起こる条件確率を掛け合わせたもの」を足し合わせることで算出できます。ここでは便宜上、A が起こる確率を $p(AT)$、起こらない確率を $p(AF)$ と表します。

$$p(B) = p(B|AT)\,p(AT) + p(B|AF)\,p(AF) = 0.9 \times 0.01 + 0.05 \times 0.99 = 0.0585$$

　これで、$p(A)$、$p(B)$、$p(B|A)$ 全ての情報が出揃ったので、$p(A|B)$ が算出できます。

$$p(A|B) = \frac{p(B|A)p(A)}{p(B)} = 0.01*0.9/0.0585 = 0.154\cdots$$

となり、先ほどの15.4％と一致しました。

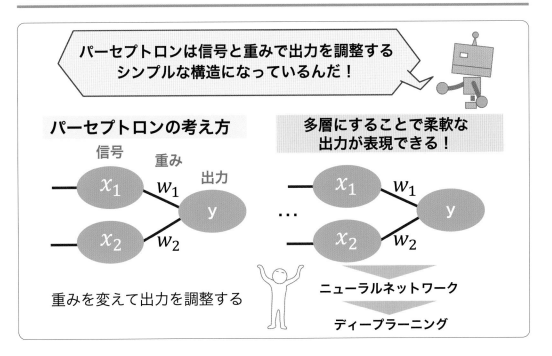

## 04 パーセプトロン

ディープラーニングの基本となる理論を知ることで、さらに理解を深めることができる。

パーセプトロンは信号と重みで出力を調整する
シンプルな構造になっているんだ！

**パーセプトロンの考え方**

信号
重み
出力

$x_1$
$w_1$

$y$

$x_2$
$w_2$

重みを変えて出力を調整する

**多層にすることで柔軟な
出力が表現できる！**

$x_1$
$w_1$

$y$

$x_2$
$w_2$

...

ニューラルネットワーク

ディープラーニング

---

## ⚛ ディープラーニングの基本となるパーセプトロン

　パーセプトロンとは、ローゼンブラットという研究者によって 1957 年に考案されたアルゴリズムです。非常に古くからある、そして大事なアルゴリズムであり、ある信号を入力として受け取り、あるルールに基づいて変換し特定の信号を出力します。

　パーセプトロンの考え方は、人間の神経回路が信号を伝達していく流れをシンプルにしたものです。「信号を流す」を 1、「信号を流さない」を 0 として、2 値の値で表現します。

　ある入力信号 $x_1$, $x_2$ に対して重みを付けて足し合わせたものを、出力 $y$ とします。重みは適当に、$w_1$, $w_2$ と付けておきましょう。この時、$y$ は決められた閾値に応じて反応します。特定の閾値 $\theta$ を超えた場合に 1 を出力し、超えなかった場合は 0 を出力します。これを式で表すと、次のようになります。

$y = 0\,(w_1x_1 + w_2x_2 \leq \theta),\ 1\,(w_1x_1 + w_2x_2 > \theta)$

　この時、$x_1$, $x_2$ は信号を流すか流さないかの 1、もしくは 0 になります。その際に、次のように $x_1$ と $x_2$ の組み合わせに対して $y$ を出力したいとしましょう。

| $x_1$ | $x_2$ | $y$ |
|---|---|---|
| 0 | 0 | 0 |
| 1 | 0 | 0 |
| 0 | 1 | 0 |
| 1 | 1 | 1 |

　$x_1$, $x_2$ のどちらかが 0 であれば 0 を出力し、どちらも 1 であれば 1 を出力するというものです。この時、$(w_1, w_2, \theta)$ の組み合わせには何があるか考えてみましょう。例えば、$(0.4, 0.4, 0.5)$ などが 1 つの例になります。これを先の式に当てはめてみると次のようになり、

$$y = 0 \ (0.4x_1 + 0.4x_2 \leq 0.5), \ 1 \ (0.4x_1 + 0.4x_2 > 0.5)$$

　それぞれを代入してみると、次のようになります（下図も参照）。

$$0.4 \times 0 + 0.4 \times 0 = 0 \leq 0.5 \rightarrow y = 0, \ 0.4 \times 1 + 0.4 \times 0 = 0.4 \leq 0.5 \rightarrow y = 0$$
$$0.4 \times 0 + 0.4 \times 1 = 0.4 \leq 0.5 \rightarrow y = 0, \ 0.4 \times 1 + 0.4 \times 1 = 0.8 > 0.5 \rightarrow y = 1$$

　このように、特定の入力に対して特定の出力がされるように、人間の手でパラメータをいじってルールを作ることができました。今回は人間が手動で行いましたが、これを機械が調整してくれるのが機械学習であり、ニューラルネットワーク →

$$y = \begin{cases} 0 \ (w_1x_1 + w_2x_2 \leq \theta) \\ 1 \ (w_1x_1 + w_2x_2 > \theta) \end{cases}$$

$(w_1, w_2, \theta)$
$=$
$(0.4, 0.4, 0.5)$

$$y = \begin{cases} 0 \ (0.4x_1 + 0.4x_2 \leq 0.5) \\ 1 \ (0.4x_1 + 0.4x_2 > 0.5) \end{cases}$$

| x1 | x2 | y |
|---|---|---|
| 0 | 0 | 0 |
| 1 | 0 | 0 |
| 0 | 1 | 0 |
| 0 | 1 | 1 |

$0.4 \times 0 + 0.4 \times 0 = 0 \leq 0.5 \rightarrow y = 0$

$0.4 \times 1 + 0.4 \times 0 = 0.4 \leq 0.5 \rightarrow y = 0$

$0.4 \times 0 + 0.4 \times 1 = 0.4 \leq 0.5 \rightarrow y = 0$

$0.4 \times 1 + 0.4 \times 1 = 0.8 > 0.5 \rightarrow y = 1$

ディープラーニングへとつながっていきます。このパーセプトロンの考え方は、ディープラーニングを学ぶ上で重要な基礎となるポイントです。

# ニューラルネットワーク

パーセプトロンの考え方をニューラルネットワークに拡張すれば、複雑な問題も解けるようになる。

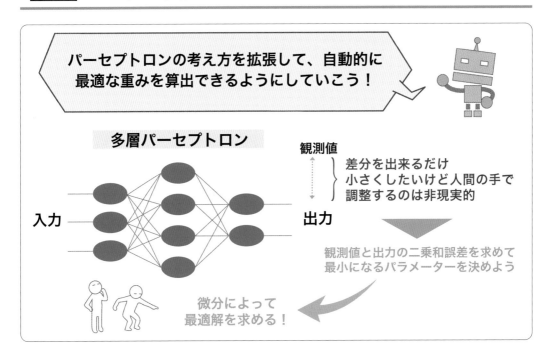

 **パーセプトロンのパラメータが増えるとどうなる?**

　パーセプトロンの数が増えパラメータが増えると、重みやしきい値を人間が決めるのは非常に難しくなってきます。そこで、機械学習的なアプローチを施したニューラルネットワークへの拡張が必要になります。

　先ほどはパーセプトロンの組み合わせから人間が最適なパラメータを決めていましたが、それを機械にやってもらいます。正解が分かっている学習データを機械にインプットして、そのデータから人間と同じようなプロセスを経て機械がルールを決める、すなわちパラメータを決めるのです。この時、何を基準にパラメータを調整すれば良いのでしょうか?
　そこで登場するのが、損失関数という考え方です。

## 最適なパラメータの求め方

損失関数とは簡単に言うと、「機械が算出した出力と、実際に欲しい出力の差」です。この損失関数を最小にする方向にパラメータを調整すれば、最適なパラメータを得ることができます。損失関数で最も一般的なのは、二乗和誤差です。誤差を二乗して、それの総和を取ったものが二乗和誤差になります。例えば、下図の左のように機械が出力した値が $[10, 2, 3, 5, 3]$ だとします。それに対して、正解の出力が $[8, 4, 3, ,4, ,2]$ だとします。そうすると、$2^2 + 2^2 + 0^2 + 1^2 + 1^2$ で二乗和誤差は $10$ になります。この時にパラメータを少しいじると、今度は出力が $[9, 2, 4, 5, 3]$ となったとしましょう。すると、$1^2 + 2^2 + 1^2 + 1^2 + 1^2$ で二乗和誤差は $8$ になります。二乗和誤差が小さくなりました！

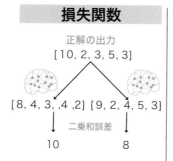

**損失関数**

正解の出力
$[10, 2, 3, 5, 3]$

$[8, 4, 3, ,4, ,2]$　$[9, 2, 4, 5, 3]$

二乗和誤差

$10$　　　　$8$

**微分**

$y=x^2$

接線の傾き 0

ここで関数は最小値を取る

それでは、二乗和誤差が一番小さくなるパラメータを求めるには、どうすれば良いのでしょうか？そこで用いられるのが微分です。

図右を見てください。微分は見方を変えると、ある関数の接戦の傾きを求めるものとなります。例えば、損失関数が $x^2$ だったとしましょう。$y = x^2$ の関数において一番小さい部分を求めるには、どうしたら良いのでしょうか？

$y = x^2$ を微分すると $y = 2x$ になり、$x = 0$ で傾きが $0$ になり、$y = x^2$ が最小値を取ります。すなわち、微分して $0$ になる部分が分かれば、損失関数が最小になる部分が分かります。

例えば、ニューラルネットワークにおいて非常にシンプルな $x = 1$, $y = 2$、そして重みが $w$ である例を考えてみます。この時、ニューラルネットワークによる出力は $wx$ になり、その出力と実測値 $y$ の差をできるだけ小さくするため損失関数を二乗和誤差で定義すると、$(wx - y)^2 = (w - 2)^2$ となります。これを $w$ で微分してあげると、$2(w - 2) = 0$ となり、$w$ が $2$ になる時に損失関数が最小になることが分かるのです（実際はこんなに単純ではありませんが、パラメータが増えても考え方は変わりません）。

# 06 ディープラーニング

ディープラーニングでできることを理解すれば、ビジネスシーンにも活かせるようになる。

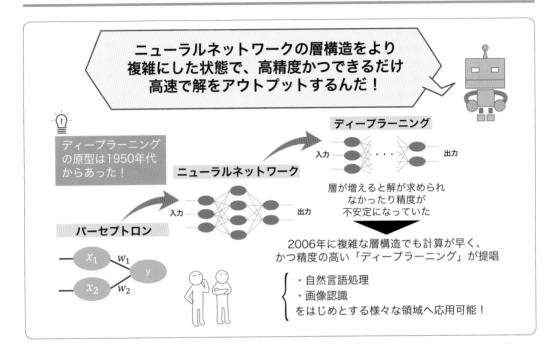

ニューラルネットワークの層構造をより複雑にした状態で、高精度かつできるだけ高速で解をアウトプットするんだ！

ディープラーニングの原型は1950年代からあった！

ニューラルネットワーク

ディープラーニング

入力　・・・　出力

層が増えると解が求められなかったり精度が不安定になっていた

2006年に複雑な層構造でも計算が早く、かつ精度の高い「ディープラーニング」が提唱

パーセプトロン

$x_1$　$w_1$
$x_2$　$w_2$　$y$

・自然言語処理
・画像認識
をはじめとする様々な領域へ応用可能！

## ディープラーニング登場の歴史

　ディープラーニングは、ニューラルネットワークの層構造をより複雑にした状態で、高精度かつできるだけ高速で解をアウトプットできるようにしたものです。ベースとなるのはニューラルネットワークであるということを覚えておいてください。

　2006 年、トロント大学のジェフリー・ヒントンという教授が、より複雑な層構造でも計算が早く、かつ精度の高いニューラルネットワーク、今で言う「ディープラーニング」を提唱しました。最初はそれほど注目を集めていなかったのですが、2012 年の画像認識コンテストで歴代優勝記録を超える圧倒的な数値をたたき出して優勝したのです。そこから一気に、ディープラーニングは注目を集めるようになって今に至ります。

　ディープラーニングは今なお注目を集めていますが、原型となる理論は数十年も前から確立されていて、人間の神経回路を模した信号が伝播していくモデルであるということです。もちろん、

技術的なブレークスルーは多くありましたが、得体の知れない新しい理論が最近になって見つかったというわけではないということを覚えておいてください。

 ## ディープラーニングでできること

・画像認識

　ディープラーニングと言えば画像認識です。右図の左を見てください。例えば、ネコとイヌの大量のデータをあらかじめインプットさせてあげることで、その画像がネコなのか犬なのか見極めることが可能です。画像認識分野におけるディープラーニングは、P100 で紹介する畳み込みニューラルネットワークがベースになっています。

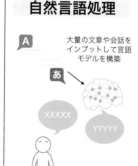

・自然言語処理

　自然言語処理の世界でもディープラーニングは利用されています。自然言語処理とは、「人間の言葉を機械が理解するルール作り」です。今では身近になった Siri や Alexa などにも自然言語処理の技術が用いられており、人間の発した言葉を AI が理解し解釈して、それに対して意味のある返答をします。また、Google 翻訳や DeepL などの翻訳ツールにも自然言語処理の技術が用いられています。自然言語処理分野におけるディープラーニングは、リカレントニューラルネットワークがベースになっています。自然言語処理と画像認識を組み合わせることで、画像からテキストを生成したりテキストから画像を生成したりすることも可能です。

### AIと機械学習とディープラーニング

　AI・機械学習・ディープラーニングが混同されているケースが散見されますが、実は AI の中に機械学習がありその中にディープラーニングがあるという関係です。必ずしも AI ＝ ディープラーニングではないので注意しましょう。

第三部　重要用語編　機械学習の応用　強力な機械学習手法を理解しビジネスシーンで扱うためのキーワード

## 07 畳み込みニューラルネットワークと画像認識

畳み込みニューラルネットワークを理解すれば、画像認識をビジネスに活かせるようになる。

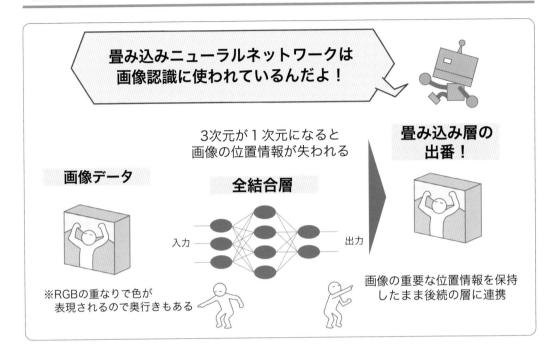

畳み込みニューラルネットワークは
画像認識に使われているんだよ！

3次元が1次元になると
画像の位置情報が失われる

**畳み込み層の
出番！**

画像データ

全結合層

入力　　　　出力

※RGBの重なりで色が
　表現されるので奥行きもある

画像の重要な位置情報を保持
したまま後続の層に連携

 ### 画像認識に使われる畳み込みニューラルネットワーク

　画像認識で非常に強い効果を発揮するのが、畳み込みニューラルネットワークです。今までのパーセプトロン、そしてニューラルネットワークでは、ある層から次の層まで信号が伝播する際に、全ての層が結合するような形でした。これを全結合層と呼びます。

　全結合層にするとなると、例えば画像データにおいて不都合が生じてしまいます。画像データは、縦×横×奥行き（色を表現するためのRGBの層が重なっているため奥行きもある）の3次元のデータになっています。全結合層にインプットする場合、この3次元のデータを1次元に直さなくてはいけません。1次元でも問題なくモデル構築は可能なのですが、画像には3次元でないと表現できない重要な情報が存在します。例えば、上下で隣り合うピクセルのデータは近い位置にありますが、情報が1次元になると、この位置情報が失われてしまうのです。

# 3次元の情報を失わないようにするために

　そのような3次元における情報を失わずにニューラルネットワークのモデルを構築しようというのが、畳み込みニューラルネットワークの試みです。畳み込みニューラルネットワークでは、その名の通り「畳み込み層」という層を全結合層の代わりに使っていきます。

　畳み込み層では、畳み込み演算という処理を行っていきます。今までの全結合層でもインプッ

トに対して重みが存在していましたが、それと同じような処理を畳み込み層に適用させていきます。重みにあたるのがフィルターになり、ちょっと特殊な処理を行います。右図のように画像のピクセルが4×4で表現されていた時、ここにフィルターと呼ばれる重みらしきものを使って畳み込み演算を行っていくのです。

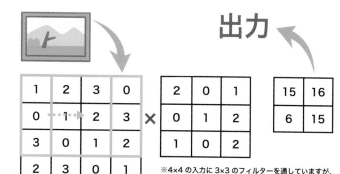

※4×4の入力に3×3のフィルターを通していますが、これは一例であり状況によって変わります。

　この時、入力データが4×4に対してフィルターは3×3になっています。そこで、フィルターを使って、まずは左上の3×3の領域との演算を行っていき、各要素を掛け合わせたものの総和を求めていきます。そうすると、結果は1×2+2×0+・・・1×2=15になります。この演算を、フィルターをずらして各要素に適用させていくと、結果的に2×2の出力が生まれます。

　このようにして、全結合層と同じようなプロセスを経て、畳み込み層から次の出力が生まれるのです。今回の例では縦×横の2次元で行いましたが、これが3次元になっても一緒です。畳み込み層を使うと、1次元にせずとも次の層へ情報を伝播させていくことが可能なのです。これによって、物体の境界線や色の集合などを捉えやすくなります。

　では、2次元と1次元でのデータの捉え方の違いとして、簡単な例を見ていきましょう。例えば、シマウマとパンダは同じ白黒の動物ですが、黒の入り方が全く違います。そして、この2種類の動物を1次元に直してしまうと、シマウマとパンダを明確に判別する白と黒の位置情報を判別しにくくなります。しかし、畳込み層を使って次元を1次元に圧縮せず学習させれば、判別できるようになるのです。

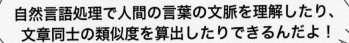

# 08 自然言語処理（形態素解析、tf-idf、Cos類似度）

自然言語処理で頻出の用語を理解すれば、どのように使えるかがイメージできるようになる。

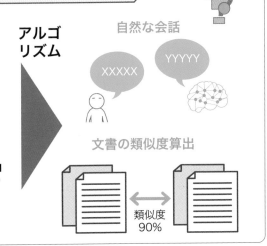

> 自然言語処理で人間の言葉の文脈を理解したり、
> 文章同士の類似度を算出したりできるんだよ！

**自然言語処理とは**
「人間の言葉を機械に理解させる処理」

センテンス：「機械学習を学ぶ」

↓ 形態素解析

センテンス：「機械学習/を/学ぶ」
名詞　　助詞 動詞

※まずは文章を分解する

**アルゴリズム**

自然な会話
XXXXX　YYYYY

文書の類似度算出
類似度 90%

##  自然言語処理で重要な形態素解析

　自然言語処理とは、端的に言うと「人間の言葉を機械に理解させる処理」です。機械が人間の言葉をしっかり理解するためには、まずは単語理解が必要。そして単語理解には、文章がどのような単語で、そしてどのような品詞で成り立っているかを分解する必要があります。そんな時に使われるのが形態素解析です。

　形態素解析とは、文章を単語単位で区切り、それぞれの単語に情報を付与する手法です。例えば、「機械学習を学ぶ」というセンテンスを形態素解析にかけると、「機械学習 / を / 学ぶ」というように、単語ごとに分けてくれて、それぞれが名詞なのか副詞なのか形容詞なのかというようなラベルを付けてくれます。

## 文書の類似度を算出する

文書の類似度を算出するには、tf-idf と cos 類似度を使います。

tf-idf は、ある文書における単語の特徴を表した指標です。そして TF は、その文書内での単語の頻出度を表しています。例えば、[A,B,B,C]、[B,B,C,C] の状態だと、TF は [A,B,B,C] → [A:1/4=0.25, B:2/4=0.5, C:1/4=0.25]、[B,B,C,C] → [B:2/4=0.5, C:2/4=0.5] となります。ただ TF だけでは、そのテキスト内の特徴的な単語を抽出できているとは限りません。

例えば、「私」や「僕」などがそのテキストの中で頻出だったとしても、他のテキストにも多く頻出しているので特徴的な単語とは言えません。このような、どんな文章にも頻出する単語の特徴度を落とすためには、IDF を計算します。IDF は、$log$（全文書数 / その単語が登場する文書数）で表されます。（）の中身が大きい、すなわちその単語が他の文書であまり使われていない時に、IDF の値が大きくなります。ここでは、IDF を仮の値として設定して計算してみましょう。

仮に、A の IDF が 4、B の IDF が 1、C の IDF が 2 だとします。すると、tf-idf は [A,B,B,C]→[A:0.25×4=1, B:0.5×1=0.5, C:0.25×2=0.5]、[B,B,C,C] → [B:0.5×1=0.5, C:0.5×2=1] となります。他の文書にはなかなか登場しないけど、その文書には多く登場する単語ほど、tf-idf 値が高くなり、その文書を特徴付ける単語であるとなるわけです。

続いて、これらのデータを基に Cos 類似度を算出してみましょう。

Cos 類似度は、それぞれのベクトルがどれくらい同じ方向を向いているかを表したものです。単語ベクトルに Cos 類似度を当てはめることで、文書の類似度を算出することができるのです。$A=[a1, a2]$、$B=[b1, b2]$ の時、Cos 類似度は次のような式で求めます。

$$Cos\text{ 類似度} = \frac{a_1 b_1 + a_2 b_2}{\sqrt{a_1^2 + a_2^2}\sqrt{b_1^2 + b_2^2}}$$

先ほどの Tf-idf で算出した単語ベクトル [A,B,C] → [A:1, B:0.5, C:0.5]、[B,B,C,C] → [B:0.5, C:1] に当てはめて計算してみると、0.5477 となります。

# 数理最適化

限られた制約の中で目的を最大化し、ビジネスに直結したアクションを設計する。

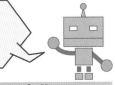

数理最適化は限られた制約の中で目的とする
値を最大化するアプローチであり、アクションと
直結しやすいんだよ！

## 機械学習

過去データ　　　未来データ

過去のデータを元に
未来のデータ予測する

過去の
需要データ　→　未来の
需要データ

## 数理最適化

制約　　　　　　目的

限られた制約条件の中
目的とする値を最大化する

人材問題
配送問題　→　需要を最大限
生産問題　　　満たす在庫計画

 ## 制約のもと、アウトプットの最適化を行う

　数理最適化とは「特定の制約のもと、アウトプットの最適解を求めるアプローチ」であり、機械学習とは似て非なるものです。機械学習はあくまで数値データやラベルデータに対して予測値を算出するだけで、その後のアクションとは直接的に結びつきません。各店舗の商品の需要を予測した時に、その予測がどのくらいの精度であるかは機械学習で算出できますが、そこからどのようなアクションを取れば良いかを算出するものではないのです。

　ビジネスには様々な制約がつきものです。各店舗の商品の需要が分かったとしても、在庫を配達するための配送日数や配送コストが制約条件として存在します。
　シンプルな例で、輸送問題の最適化を考えてみましょう。

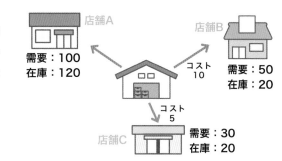

　AとBとCという店舗があった時に、Aの需要が100でBの需要が50でCの需要が30だとします。そして現在の在庫は、Aが120でBが20でCが20だとしましょう。さらに、中央の配送センターから送ることができるのは、1つの店舗で最大20の商品だとします。そして、Bに送るのにかかるコストは10のみで、Cに送るのにかかるコストは5だとします。

　この時に需要を満たした分がそのまま売上になり、「売上－コスト」を最大化したいとします。さて、配送センターからどこに送るべきでしょうか？

## 配送センターからどこの店舗に送るべき?

　配送センターから店舗Cに在庫を20送った場合はCの在庫が40になり、Aの需要100とCの需要30を満たすことができ、Bは在庫分の20だけにとどまります。この時の利益は、150-5=145です。一方で、配送センターから店舗Bに在庫を20送った場合は、Bの在庫が40になり、売上は100+40+20=160となり、利益は160-10=150です。

　以上、この問題では「店舗Bに送るのが最適解」となるわけです。

　このような問題を解くのが数理最適化です。実際には動かすことのできるパラメータや制約条件が多くなり手計算では解けないので、様々な最適化手法を用いることになります。例えば、A店舗からB店舗に在庫を動かすことができるかもしれません。店舗間の在庫移動を考慮に入れるだけで、かなり複雑な問題になり得ます。ちなみに、この問題ではあらかじめ需要が決められていましたが、この需要を予測するのが機械学習であり、需要の精度が低いとせっかくの数理最適化も意味を成さなくなってしまいます。

# 第三部 実践スキル編

AIという言葉に騙されず、
本質を理解して
ビジネスを
正しい方向に導びこう!

機械学習の手法についての理解が深まってきた頃かと思いますが、実は、世の中にはAIや機械学習と謳っていながら、「裏側のロジックは単純なソリューション」というケースが溢れています。そしてAIや機械学習に対しての理解が中途半端だと、そのようなソリューションを何でもできる魔法のようなものだと勘違いしてしまいがちです。そこで、ここではAIや機械学習という言葉に惑わされずに本質を見ることのできる力を養っていただきたいと思います。

**KeyWord**

▶畳み込みニューラルネットワーク
▶自然言語処理

## AIを使った陳列最適化ソリューションは導入するべきなのか？

**KeyWord** 畳み込みニューラルネットワーク

　ここでは、「AI」と呼ばれるものの本質に迫っていきたいと思います。

　第三部用語編では、ディープラーニングや自然言語処理について学びました。これらの技術は非常に早いスピードで進化してますが、世の中に出回っているプロダクトやソリューション自体は高度な技術を使っているように見せかけて、実はその裏側はシンプルなケースが非常に多いです。もちろんシンプルであることは悪いことではありませんが、裏に隠されたブラックボックスのアルゴリズムをあたかも凄いものであるようにカモフラージュしているケースには騙されないようにしたいものです。

　このようなケースに騙されないためにも、AIを使う上での注意事項をきっちりと理解して、どのような仕組みが裏側で実装されているのか確認できるようになりましょう。

**図1　AIの理想と現実**

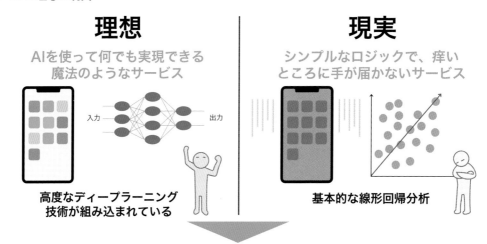

　美咲と海斗はECでの売上を上げるために、マーケティング分野の改善活動や効果的な施策実行を、データサイエンスの知識を使って行ってきました。そしてその取り組みが評価され、社内の様々な部署から「こんな課題は解決できないか？」といった問い合わせが入るようになったのです。

　データサイエンスの知識を活かした業務改善へ取り組んできた甲斐があって、他の部署から引く手あまたね！

　そうだね〜。そういえば先日、A町店のリーダーから店舗陳列の最適化をやってみたいという打診が来たんだけど、一緒に話を聞きに行ってみない？

　そんな中で、店舗の売上を上げるために商品陳列の最適化をはかりたいという現場の要望があることを知りました。現場では既にAIを使った最適ソリューションを提供するB社と提携するということで話が進んでいるようなのですが、データサイエンスの知見がある人が現場におらず、提携を進めている会社の話を美咲と海斗に聞いて欲しいという話が出ているようです。

---

## データサイエンスの活動は、小さな成功体験から雪だるま式に増えていく

　昨今のデジタルトランスフォーメーションやデータサイエンス活用の流れは、どうしても大風呂敷を広げた話から始まってしまいがちなのですが、実際には小さな成功体験をきっかけに大きく波及していくことがほとんどです。

　もちろん最終的なゴールを描くことは大事ですが、いきなり大きなところから改善しようとしても話は進まないことがほとんどなので、なるべく小さくできるところから社内での成功を積み上げて、他の部署やステークホルダーを巻き込んで大きなムーブメントにしていきましょう。今回の例でも、美咲と海斗はまず自分たちの守備範囲でのデータサイエンス活動で成果を上げることにより、他の部署への認知が広がって多くの課題が舞い込むようになりました。そういう意味では、デジタルトランスフォーメーションやデータサイエンス活動を会社全体に波及させていくためには、社内マーケティングが非常に重要だと言えます。

第三部　実践スキル編　AIという言葉に騙されず、本質を理解してビジネスを正しい方向に導びこう！

早速、美咲と海斗は、AIソリューションを提供するB社の話を聞く場に同席しました。簡単な挨拶を済ませ、AIソリューションの説明をしてもらいます。

我々のAIアルゴリズムを使えば最適な陳列状況を割り出すことができます。ぜひとも御社と提携して、PoCを実施して最適な陳列を実現していきたいと思っています！

PoCとはProof of Conceptの略であり、実証実験のことです。本格的に取り組む前に、その取り組みが本当に機能するのかスモールに実験することで、本導入した際のリスクをおさえることが可能です。AIプロジェクトは不確定要素が非常に多いため、導入の際にはPoCをまず行うのが一般的です。

PoC期間は、ものにもよりますがAIプロジェクトだと3ヶ月以上は欲しいところです。またPoCは受注した側の持ち出し、もしくは費用をある程度おさえての受注となることがほとんどです。そのため、発注側としてはリスクを極力おさえてAI導入を実行することができます。

さて今回のケース、PoCから入るのはもちろん問題ないのですが、具体的なアプローチが見えてきません。

ありがとうございました。陳列の最適化は弊社としてもぜひ取り組みたいと思っていたアプローチなのですが、いくつか気になる点があります。そもそも、最適化する対象は店舗の売上ですか？ 特定の売り場ですか？ それとも、1日単位で最適化するのでしょうか？ もしくは、1ヶ月単位で最適化するのですか？

美咲は鋭い質問をB社に浴びせます。

「AIを使って最適化する、自動化する」などという言葉は非常に便利で魔法のように思えますが、美咲が疑問に思って投げかけたように、最適化のスコープが決まっていないと何も議論ができません。そしてそれ以外にも、事前にすり合わせておくべき項目は無限にあるのです。少なくとも、予測する対象や最適化する対象の粒度やスコープは明確にしておきたいところです。

そちらに関しては今後、御社と議論して決めていければと・・・。

B社の担当者は美咲の返答に対して少し黙った後、歯切れの悪い返答をしました。

今回のケース、現場には何となく「AIを使えば最適化できるのかな？」といったイメージしかなかったため、先方の会社と深くすり合わせていなかったのです。

現場に意思がない場合は、スコープを曖昧のままに進めて後で手戻りが発生したり、良い結果を出力するように恣意的に課題設定をしたりすることになりかねません。

AI導入に限った話ではありませんが、プロジェクトを進める上ではSMARTというフレームワークでプロジェクトのゴールを整理すると良いです。

SMARTとは、Specific（具体的）、Measurable（測定可能）、Achievable（実現可能）、Related（経営目標との関連）、Time-Bound（期限がある）の頭文字を取ったフレームワークであり、これらのいずれかが曖昧だと優れたゴールとは言えません。

陳列の最適化といっても、どの対象をどのように最適化するのか、そもそも課題はどこにあるのかを明確にしてから、SMARTに即したゴールを決めていきたいですよね。

図2　SMARTのフレームワーク

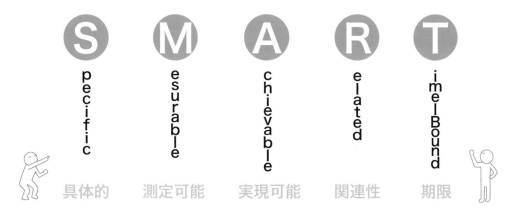

AI導入においてもこのフレームワークは非常に有用なので、ぜひAIプロジェクトの初期段階で使っていきましょう。ゴールの曖昧なAIプロジェクトは非常に高い確率で頓挫しますからね。

さて、続いて海斗が技術的な質問をしました。

陳列の最適化ができると確かに売上は上がりますし、ぜひ取り組んでみたいとは思います。ですが、なかなか難しい課題設定だとも思っています。具体的には、どういうアルゴリズムを使っているのですか？

担当者が慌てて隣を見る。
隣の技術者らしき人が答えます。

そうですね。いくつかの機械学習手法を組み合わせて算出しています。

この手のソリューションはブラックボックスになっており、具体的なアルゴリズムは教えてくれないケースがほとんどです。また、アルゴリズムを理解しているのは一部の技術者のみで、商談に同席している技術系の担当者でも具体的に説明できないことがあります。

なるほど、複数の機械学習手法を組み合わせているのですね。いずれにせよ、どのような特徴量をインプットするのか、学習データがどれくらい必要なのかがポイントだと思うのですが、どのような想定でしょうか？

図3　機械学習において良いアウトプットを目指すために

機械学習を用いて筋の良いアウトプットを出すには、アルゴリズムよりもインプットするデータが非常に重要になってきます。いくらアルゴリズムが優れていても、データが少なかったり必要なデータが取れていなかったりすると、精度は上がりません。

陳列の特徴量に関しては、皆さまの今までのご経験から検証したパターンを洗い出していただいて、それを特徴量としてインプットしたいと思っております。具体的には、3つ並んでいる色のパターンなどです。またデータに関しては、PoC段階で取り組ませていただいている複数の企業さんから、これから集めていきます。

なるほど。画像データを使うわけではないのですね。

　これを聞いた時に、美咲と海斗に同席を頼んだ現場の担当者は「思っていたのと違うような・・・」と思いました。

　今回のケースでは、店頭の陳列の最適化という話をしているので、様々な場所の様々な時間帯の陳列画像データを用いてAIにインプットして、最適なアウトプットを出力すると思いがちかもしれません。しかし、具体的なアプローチ方法を聞いてみると、現場担当者がいくつかの仮説をもとに判断軸を作り出して、それを元に検証をするというのです。このアプローチは、複数のパターンをもとに最適なパターンを見つけ出すABテスト、ランダム化比較実験とやっていることはほとんど変わりません。それぞれの要素を説明変数として回帰式を作成し、どの要素がどのくらい売上に効いてくるかというモデルを作ってみるアプローチもありますが、いずれにせよ抽出する説明変数の勘所は現場担当者に依存しています。

　AIで店頭陳列の最適化を行うという文言だけから考えて、「大量の画像データをAIにインプットし学習することで、最適な陳列を自動でポンっと出してくれる」というイメージを持ってしまっているとギャップを感じることでしょう。

　ところで、本来であれば画像データを大量に取得して、第三部で学んだ畳込みニューラルネットワークにインプットする方が筋の良いアプローチなのでしょうか？

　畳込みニューラルネットワークを使うとしても、画像をインプットすることで画像の情報から売上を算出することはできるかもしれません。ただ、逆に解釈容易性が極端に下がってしまう問題が生じます。特定の陳列にして、その陳列においてどのくらいの売上になるかは出力できますが、「さらに売上を上げるには」「売上を最大化するには」どのように陳列を変えれば良いのかを把握するのは非常に難しいでしょう。

　AIと聞くと何でもできてしまいそうな気がしますが、そう簡単ではありませんし、高度な手法を使っていれば良いわけでもありません。AIを使って最適化するという言葉の定義は広く、実現

したいゴールが明確になっていないと工数がどのくらいかかるのか、このアプローチで実施すべきかどうかの判断がつかないということを覚えておいてください。

図4　畳み込みニューラルネットワークと統計学的なアプローチ

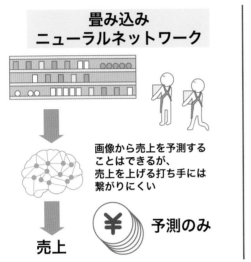
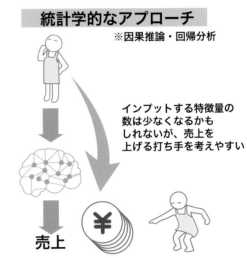

さて、先方の話を一通り聞いた後、美咲と海斗は依頼をしてきた現場担当者の方と話しました。

本日はありがとうございました。同席いただいたことで、先方のソリューションは具体的にどんなアプローチを取ろうとしていたのかが明確になったと思います。AIという言葉につられて、何でも魔法のようにできてしまうイメージを持っていたのですが、そうとも限らないのですね。

こちらこそ、プロジェクト推進前にお声がけいただけて良かったです。AIと言っても色んなタイプがあるので、どんなアプローチでどんなアウトプットが出てくるのかを明確にしたほうが良いですね。

なるほど、我々の課題が本当にこのソリューションで解決できるのか、このソリューションを使う必要が本当にあるのか、改めて考えてみたいと思います。

後日、現場担当者から連絡があり、今回の取り組みはなしになったとのことでした。

AIを謳ったソリューションは非常に多いですが、具体的にどういうアプローチをするのかを聞かずに、魔法のようなアウトプットが得られるのだと勘違いすると、後で大変なことになります。注意してくださいね。

## 予測精度を取るか、解釈容易性を取るか

ビジネスの現場では、予測精度に軸足を置くのか、解釈容易性に軸足を置くのかによって使うべき手法が大きく異なります。人材配置や在庫を最適化するために売上を予測するのであれば、売上をいかに正しく予測できるかが重要になりますが（このタスクの場合、本来は販売数を目的変数にするべきかもしれませんが）、今回のケースのように陳列の売上を最大化するような場合だと、予測時の精度の微小な差よりも、どの要素にテコ入れをすればどのくらい売上が上がるのかという解釈容易性が重要になります。

ビジネス課題がどちらに軸足を置いているのか見定めて、手法を選びましょう。

図5　解釈容易性と予測精度のバランス

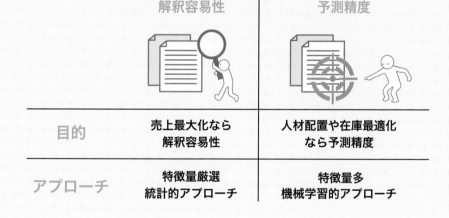

同じ売上が目的変数だとしても・・・

| | 解釈容易性 | 予測精度 |
|---|---|---|
| 目的 | 売上最大化なら<br>解釈容易性 | 人材配置や在庫最適化<br>なら予測精度 |
| アプローチ | 特徴量厳選<br>統計的アプローチ | 特徴量多<br>機械学習的アプローチ |

# AIチャットボットは
# 導入するべきなのか?

**KeyWord** ▶ 自然言語処理

　美咲と海斗は、改めてAIやデータサイエンスは便利な反面、理解しないで使うと大変なことになる可能性があると実感しました。そんな中、今度は新たにAI関連の営業からの相談事が舞い込んできます。AIチャットボットを使って、Webサイト上で迷っているユーザーの接客をしたいというのです。

　今回は直接、美咲と海斗が先方とのMTGに立つことになりました。

　一中略一
　弊社のチャットボットを使えば、お客さんがサイトを回遊して迷っている時に、迷っている内容を聞き出した上でサポートしてあげることが可能です。

　どのように運用を始めれば良いのでしょうか？ いきなり使い始めて、自然な回答ができるのでしょうか？

　まずは、ユーザーの迷っているユースケースパターンをいくつか貴社にて洗い出してもらいます。それらに対する回答を用意して、チャットボットにインプットします。そうすることで、実際に用意したユースケースにおいて、ユーザーはチャットボットを開き、チャットボットから提示された選択肢の中からいくつかを選んでいき、最終的に解決することができるのです。

　流行りのAIチャットボットですが、一口にAIチャットボットと言っても色々な種類があります。シンプルなルールベースで選択肢をユーザーに選ばせて、それに基づいて決められた回答をするチャットボットは、AIチャットボットと言わずに「シナリオ型チャットボット」と言ったりしますが、AIチャットボットと謳っているケースもあるので注意が必要です。

　先ほどの陳列の最適化と同様に、AIを謳っているソリューションはどのようなロジックになっていて、人間は何をしなくてはいけないのかを、しっかりと導入前に理解しておかなくてはいけません。

　AIチャットボットを導入する際にはまず、質問と回答を入れる必要があります。AIチャットボットを導入したからといって、いきなり応対ができるようになるわけではありません。しかし、その中でユーザーの質問の意図のズレや表記ゆれなどを加味した上で回答を出してくれるか否か、その精度はどのくらいなのかが、AIチャットボットを選ぶ上での肝です。

　例えば、「配送料はいくらですか？」という質問に対して、配送料が細かく記載してあるURLを返してくれる答えを設定したとしましょう。その時、そのチャットボットは若干文章の違う「配送料はどのくらいかかりますか？」という質問に反応してくれるでしょうか？

　図6を見てください。このように色々なロジックがありますが、例えば原始的なアプローチだと、右下の「キーワード一致」というアプローチがあります。配送料というキーワードを登録しておき、配送料が文に含まれていたら該当質問だとみなし答えを返すというものです。

**図6　AIチャットボットの対応ロジック**

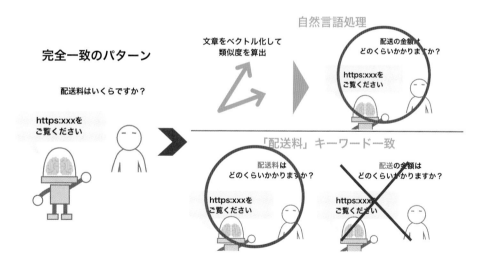

　しかし、これでは「配送料はどのくらいかかりますか？」ではなく「配送の金額はどのくらいかかりますか？」だった時に、一致判定ができません。こうなると、かなり使い勝手が悪いので、

第三部　実践スキル編　AIという言葉に騙されず、本質を理解してビジネスを正しい方向に導びこう！

やはり文の意図を汲み取って答える必要があります。そこで用いられる考え方が図6の右上であり、P102で学んだ自然言語処理です。文を形態素解析で分解しベクトル化して、それらの類似度を測る。これによって文意の近い質問を見つけ出すことが可能となります。

　美咲と海斗は、結果的に今回の話はなしにしました。聞くところによると、部長が贔屓にしている会社だったそうで、部長のコネで導入寸前までいっていたようです。

世の中には色んなAIソリューションがあって、一見なんだか凄いことができそうなものに見えるけど、冷静に何ができるのか、裏側はどんなロジックで動いているのか、ちゃんと明確にしないといけないね。

そうね。AIを内製化せず外注したり外部ソリューションを導入したりするのも場合によっては良い判断だけど、発注側にAIリテラシーがないと暗礁に乗り上げることになりそうだよね。

　第三部実践スキル編では、実際に画像認識や自然言語処理のユースケースを取り上げました。データサイエンスを扱って課題解決をするとは言っても、画像認識や自然言語処理の領域を自社で全て内製化するのは現実的ではありません。

　自社で保有しているデータを使った最適化や需要予測などはやりやすいものの、画像認識や自然言語処理の領域はそもそも自社でデータサイエンスを取り入れるに値するデータを保持していない、または分析できる状態になっていないことが多いです。そのため、今回のケースのように、それらの領域を専門とするパートナーさんと組んで推進したり、サービスを導入したりするのですが、ここで発注側にAIのリテラシーがないと大変なことになります。
　AIリテラシーを持って、本当に一緒に取り組むべきなのか否かを正しく判断できるようになりましょう。

## ☑ CheckPoint

- ●AIプロダクトやサービスにおいて、裏側に隠されたブラックボックスのアルゴリズムをあたかも凄いものであるようにカモフラージュしているケースもあることに注意する
- ●プロジェクトを進める上では、「SMART：Specific（具体的）、Measurable（測定可能）、Achievable（実現可能）、Related（経営目標との関連）、Time-Bound（期限がある）」というフレームワークでゴールを整理すると良い
- ●ビジネスの現場では、予測精度に軸足を置くのか、解釈容易性に軸足を置くのかによって使うべき手法が大きく異なるので、ビジネス課題がどちらに軸足を置いているのか見定めて手法を選ぶ必要がある
- ●チャットボットと言っても、ルールベースで決めた文言でのみ返答するものから、自然言語処理を使ってテキストの意図を読み取って返答できるものまで、様々である

第四部　重要用語編

# ビジネスの理解から
# データの調理

モデル構築前の重要なプロセスを
理解するためのキーワード

機械学習モデルを正しく構築するためには、手法の理解以外にも重要な要素がたくさんあります。そもそも、どこにビジネス課題があるのかを深く突き詰めて考えられなければ、モデル構築はできません。さらに言うと、データを正しく調理できなければ、強力な機械学習手法を使っても良いモデルは作れません。だからここでは、機械学習手法以外の周辺知識についての用語をピックアップしていきたいと思います。

## CONTENTS

# 01 CRISP-DM（前半）

モデル構築前に必要な工程を理解すれば、ビジネス課題に即したモデルを作れるようになる。

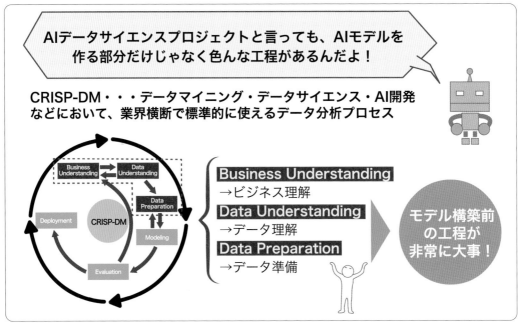

出所：「The CRISP-DM User Guide」を元に作成

## データ分析において重要なフレームワークを理解する

　CRISP-DM とは「Cross-industry standard process for data mining」の略であり、データマイニング・データサイエンス・AI 開発などにおいて業界横断で標準的に使えるデータ分析プロセスになります。CRISP-DM を理解すれば、このフレームワークに立ち返ることでデータ分析を効率よく行うことができます。

　CRISP-DM には全部で 6 つのプロセスがあります。まずは、前半の 3 つについて見ていきましょう。

### 1．Business Understanding（ビジネス理解）

　データ分析というと、プログラミング言語やツールを使ってデータにアクセスするイメージがあると思いますが、最初は往々にして「ビジネスを理解してビジネス課題を特定する」ところか

ら始まります。とはいえ、この段階でデータを触ってはいけないわけではありません。理想はマクロ的な視点でビジネス課題を特定して、その課題に対する仮説を基にデータを触ることですが、データをとりあえず触ってみるというところから始まっても問題ありません。前ページの図でもBusiness Understanding と Data Understanding が行き来しているように、シャープな課題特定と仮説立てにはこのプロセスの行き来が必要なのです。

## 2．Data Understanding（データ理解）

Business Understanding と相互的に行うのが Data Understanding。データの構造や中身を分かっていないと、データ分析に移ることはできません。このフェーズでは、EDA（探索的データ分析）というアプローチを取って、仮説をもとに様々な観点からデータを見ていきます。もしかしたら元々、Business Understanding で設計した課題と仮説を検証するデータが揃っていないかもしれません。

## 3．Data Preparation（データ準備）

このプロセスは、いわゆるデータ分析における前加工・前処理と言われるところです。データ分析において最も時間がかかる工程であり、モデルの精度を左右するウェイトの高い部分でもあ

ります。前のデータ理解のフェーズで確認したことを中心に様々な加工を実際に行い、次のフェーズであるモデル構築に適したデータセットにしていきます。欠損値処理、ダミー変数化、外れ値除去、特徴量作成などのプロセスが存在します。

ビジネス理解

・分析課題についてすり合わせ
・業務フローの確認

データ理解

・様々な観点でのデータの確認

データ準備

・モデル構築前のデータの前処理やエンジニアリング

## AIデータサイエンスプロジェクトにおける各工程の工数

データサイエンスや AI のプロジェクトは、どうしてもモデル構築の工程が注目されがちなのですが、実はその前工程であるビジネス理解・データ理解・データ準備にこそ時間がかかります。業務要件を満たした良いモデルが作れるかどうかは、この前工程にかかっているのです。

第四部　重要用語編　ビジネスの理解からデータの調理　モデル構築前の重要なプロセスを理解するためのキーワード

# CRISP-DM（後半）

AIデータサイエンスプロジェクトの流れを全て理解して、実務で使えるようにする。

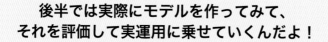

後半では実際にモデルを作ってみて、
それを評価して実運用に乗せていくんだよ！

実は、モデル構築前の前処理に
多くの時間がかかってしまう

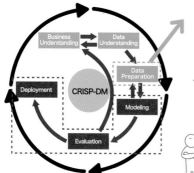

Modeling →モデル構築

Evaluation →評価

Deployment →実装

評価のフェーズで思ったように結果が
出ないと、ビジネス理解のフェーズに
戻ってしまうから注意

出所：「The CRISP-DM User Guide」を元に作成

 **モデル構築後に、ビジネスに導入するまでのプロセスを理解する**

　ここからは、CRISP-DM の残り 3 工程について見ていきましょう。

## ４．Modeling（モデル構築）

　AI やデータサイエンスという言葉から連想されるのは「モデリング」が多いかもしれませんが、モデリング自体は便利なライブラリが用意されているため、それほど時間はかかりません。機械学習の手法には多くの種類がありますが、どれを選択するべきなのかについては基準がいくつかあります。例えば、「データ数はどれくらいあるか」「分類なのか回帰なのか」など。精度だけを求めるのであれば、勾配ブースティング木、もしくはディープラーニング。解釈容易性を求めるのであれば、決定木やロジスティック回帰などが好まれます。

## 5．Evaluation（評価）

モデルを構築しても、それで終わりではありません。モデルの評価も必要です。評価指標には、「MSE（平均二乗誤差）」「RMSE（二乗平均平方根誤差）」「正解率」「適合率」「再現率」「F-measure」などがあります。評価指標は、モデル構築時にあらかじめ決めておきましょう。

正しい評価をするためには、過学習、多重共線性、不均衡データなどに注意しなくてはいけません（詳しくは第五部で）。予測精度を評価するのであれば、「学習データと予測用に使う検証データに分けて評価を行っているか」「あまりにも説明変数同士の相関が高いものを選択していないか」などを確認しておく必要があります。

| モデル構築 | 評価 | 実装 |
|---|---|---|
| ・機械学習手法を使ってモデル構築 | ・モデルの精度を評価して適切なモデルをピックアップ | ・モデルを現場に導入 |

実は、この Evaluation の段階で思ったような効果が出ていないと判断された場合、「CRISP-DM」で言う Business Understanding に戻ってしまう可能性があります。つまり、そもそも最初に立てた課題設定が間違っていたという大きな手戻りが発生しているわけですね。

## 6．Deployment（実装）

ここまできて、やっとビジネスに落とし込むことができます。この時、しっかり現場とビジネス要件を握れていないと、Deployment ができないという結果に陥りかねません。Deploymentまで行うことができて初めて AI プロジェクトとなり、それを行うことができるのがデータサイエンティストなのです。そのためには、データホルダーだけで進めるのではなく、業務要件やビジネス設計を明確にして、マーケティングサイド・ビジネスサイドとしっかり共有しておくことが大事です。

### ビジネスサイドと会話をしていないと手戻りが大きい

AI やデータサイエンスのプロジェクトは、どうしても専門性のある人間だけで進めてしまいがちなのですが、そうすると最終的に導入先のビジネスサイドから反発を受けたり、そもそも業務フローに乗らなかったりする可能性があります。プロジェクト開始時には必ず、ビジネスサイドと「ゴールと進め方」について議論しておきましょう。

第四部　重要用語編　ビジネスの理解からデータの調理　モデル構築前の重要なプロセスを理解するためのキーワード

# 03 | デジタルトランスフォーメーション（DX）

デジタルトランスフォーメーション（DX）を成功に導くために必要な考え方とは。

> デジタルトランスフォーメーションを成功させるためには、
> どんな点に注意しないといけないのかを理解しよう！

## 失敗するDX

**とりあえずトレンドにのってデジタル化！！**

| いきなり大きな改革を目指す | 目的が曖昧 | 各部署がバラバラで動く |
| --- | --- | --- |

## 成功するDX

ビジネスモデルそのものを変革し、デジタル技術によって消費者の生活をより良くする！

| 小さな成功事例 | 目的が明確 | ハブとなるチーム |
| --- | --- | --- |

##  デジタルトランスフォーメーションに重要な3つのこと

　デジタルトランスフォーメーション（DX）は、単なるデジタル化ではなくビジネスモデルそのものを変革し、デジタル技術によって消費者の生活をよりよくすることを指します。ただ、DXの定義は曖昧で広く人によって解釈が異なり、企業内でDXだと言い始めても、ゴールややるべきことが曖昧で上手くいかないケースが多い。そこで、そんなDXを成功に導くために必要なことについて、いくつか紹介していきたいと思います。

・デジタルトランスフォーメーションの目的を明確にする

　まずは、DXの目的を明確にすること。世のトレンドだからいって、目的が曖昧なDXプロジェクトは間違いなく失敗します。DXは手段であり目的ではないのです。DXによって何を成し遂げたいのか、どういう世界を作りたいのかを明確にしておく必要があります。

必ず、当事者全員で目的の認識合わせを行いましょう。現場と経営レベルの認識が合っていないと、本当の意味でのDXは達成できません。現場は、経営者目線に立って成し遂げたいゴールを理解することが大事。そして経営レベルは、現場をしっかり理解して、現場を巻き込んでいくことが大事なのです。

| 目的を明確に | 小さな成功事例 | ハブとなるチーム |
|---|---|---|
| 必ず当事者全員で「DXによって何を成し遂げたいのか」という目的の認識合わせを行う | 最初から大きな成功事例を目指さず、小さな成功事例から全体に波及させていく | 無駄なリソース・コストを削減するために全体のハブとなるチームや組織を作る |
|  |  |  |

・ボトムアップで小さな成功事例を積み上げ全体に波及させていく

　続いて大切なのが、小さな成功事例から全体に波及させていくということ。現場と経営レベルで目線を合わせることができ、実際に推進へ走り出したとしても、いきなり大きな改革は起こせません。DXを推進するということは「既存の仕組みをぶち壊す」ことになるので、技術だけではない様々な障壁が存在するのです。だからこそ、スモールに行える部分から手を付けてクイックに結果を出す。そして、その成功事例を社内でPRすることで、全社にDXの流れを波及させていくことができます。

・DXプロジェクトのハブとなるチームを作る

　DXプロジェクトが多く立ち上がるようになると、違う部署で同じようなプロジェクトが走り始める可能性があります。複数走らせてしまうのは、人員リソース的にもコスト的にも無駄なので避けたいところ。しかし、会社の規模が大きければ大きいほど、情報の連携はなかなか取れません。そんな時にDXプロジェクトのハブとなるチームがあると、情報がそこに集約されて、会社全体としてのDXの動きを統制しやすくなります。

### DXを成し遂げるために必要な各部署の協力

　DXを推進するためには、高度な専門性を持つデジタル人材が必要ですが、デジタル人材だけで成し遂げられるわけでもありません。様々なステークホルダーが協力してこそ成し遂げられるものなので、DX推進をデジタル人材だけに押し付けるのはやめましょう。

データマネジメント

データマネジメントで注意すべき点を理解すれば、適切なデータ活用ができるようになる。

データマネジメントを疎かにすると、機械学習などを用いた攻めのデータ活用ができなくなるよ！

**データマネジメント：データを正しく蓄積・管理すること**

| KPIの可視化 | 機械学習活用 | 高速な意思決定 | } **攻めのデータ活用** |

**データマネジメント** } **データマネジメント**
**データ活用の土台**

攻めのデータ活用の前に、正しいデータマネジメントを行うことが何よりも重要！

 ## データマネジメントに重要な3つのこと

　昨今のデータ活用において重要さが増しているのが、データマネジメントの領域です。AIや機械学習などといった言葉がバズワードになっていますが、結局その元となるのはデータであり、データがない状態ではいくらAIや機械学習の手法を学んでも意味がありません。だから、まずはデータマネジメントについて正しく理解して、自社事業においてどのようにデータを蓄積し活用していけば良いのかを理解することが大事なのです。

・ゴールから逆算して設計する

　データマネジメントにおいて、データ基盤を構築する際はゴールをしっかり定めた上で、そのゴールに到達できるように逆算して設計をすべきです。例えば、顧客がサービスを解約した時に、その顧客の情報を全て削除してしまうような設計にしていた場合、後から振り返って分析をする

ことができません。だから、顧客の情報は保持したまま解約フラグを付与する処理にする必要があるわけです。とはいえ、解約した顧客の情報を保持し続けるのは、個人情報保護の観点から問題になる可能性もあるでしょう。よって、個人情報を含むデータは削除しつつ、個人情報にあたらないデータは保持し続けるなどの対応が必要になります。

・設計書を作成し保守する

　データ基盤は構築する際は、必ず設計書を作成しましょう。どこにどんなデータが存在するのか、最初はしっかり設計書を作成するものの、その設計書を保守運用せず形骸化していき、現状の仕様と乖離が生じた設計書が残っていってしまうというケースもあるのです。設計書の保守・運用をないがしろにせず、運用フローと責任の所在を明らかにして、最新の設計書を常にステークホルダーが参照できるような状態にしておきましょう。

・目的を明確にして無駄な BI やレポーティングは極力減らす

　データが蓄積されてくると、データを可視化するための BI やレポートが増えてきます。データを様々な切り口で可視化してビジネスに活かしていくのは非常に大事なのですが、往々にして無駄な BI やレポートが増えてしまいがちです。誰のための何のための BI・レポートなのかを明確にした上で、現状を正しく把握できるようにしておきましょう。

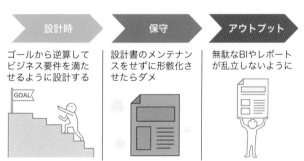

| 設計時 | 保守 | アウトプット |
|---|---|---|
| ゴールから逆算してビジネス要件を満たせるように設計する | 設計書のメンテナンスをせずに形骸化させたらダメ | 無駄なBIやレポートが乱立しないように |

### データマネジメントは様々なステークホルダーで進めるべし

　データマネジメントを情報システム部だけで進めてしまうと、システム的な観点でのメリットを優先してしまい、ビジネス要件を満たせないデータ基盤ができ上がってしまうかもしれません。そのため、ビジネスサイドの人材もなるべく設計初期に議論へ入るべきですし、現場だけではなく経営トップも積極的に介入していくべきです。

# イシューの特定

ビジネス上のイシューを分析課題として、適切に定義できるようにする。

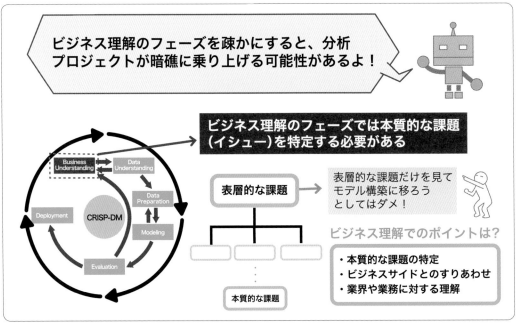

ビジネス理解のフェーズを疎かにすると、分析プロジェクトが暗礁に乗り上げる可能性があるよ！

ビジネス理解のフェーズでは本質的な課題（イシュー）を特定する必要がある

表層的な課題だけを見てモデル構築に移ろうとしてはダメ！

ビジネス理解でのポイントは？

・本質的な課題の特定
・ビジネスサイドとのすりあわせ
・業界や業務に対する理解

表層的な課題

本質的な課題

出所：「The CRISP-DM User Guide」を元に作成

## 実は機械学習が不要であるという結論になるかもしれない

　イシューとは、解決すべき本質的な課題です。ビジネスをしっかり理解して本質的な課題であるイシューを特定できていないと、意味のある分析結果を生み出すことはできません。本質的な課題を特定する上では、ビジネスドメインの知識やその業界特性、業務フローへの理解が必要です。さらに、専門人材だけでプロジェクトを推進するのではなく、実際に業務を行っている人への課題ヒアリングも欠かせないでしょう。イシューを深堀りしてみると、実は機械学習は不要であるという結論になるかもしれません。

## モデル構築のためには課題を深堀りしてイシューを特定するべき

　例えば、あるサブスクサービスにおいて会員数の伸びが鈍化してきている原因を突き止めて改

善したいというプロジェクトが発足したとします。目的はなんとなく分かりましたが、これだけでは機械学習を使ってモデル構築するステップに移れません。モデルを構築するためには、イシューを特定して課題をシャープにしていかないといけないのです。

　まずは、どこに原因があるのか突き止めるために、データの基礎分析や可視化を行っていきます。この工程は、CRISP-DM の次のデータ理解の工程であり、CRISP-DM のフレームワークではビジネス理解とデータ理解を相互に行っていきます。

## サブスクサービスの会員数鈍化のイシューはどこにある?

　会員数の増加を、新規会員の獲得と既存会員の解約にブレイクダウンした結果、既存会員の解約数が増えていることが分かったとします。さらに、既存会員の解約が増えた原因を突き止めていくと、どうやら競合が大きな乗り換えプロモーションをしかけてきたことが原因であることが分かったとします。既存会員の解約を防ぐには、どうすれば良いでしょうか?

　例えば、既存会員に対して金銭的なインセンティブを提供するというのも選択肢です。ただ、全会員に対して金銭的なインセンティブを提供してしまうのは収益が悪化する可能性があるので、できれば解約しそうな既存会員だけにインセンティブを提供したいところ。ここで既存会員の解約を予測する必要が出てきました。最初は「会員数の鈍化を防ぐ」というざっくりとしたお題だったのが、「既存会員が解約というアクションをとる確率を予測する」というシャープな分析課題になったわけです。

　これは単純化した例ですが、本質的な課題に落とし込まないと機械学習を使った分析課題に落とし込めないということは理解しておいてください。

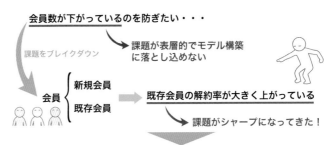

以上、ここまで来れば、既存会員の属性データや行動データから、その既存会員が解約してしまうか・しまわないかを確率で算出するためにモデル構築するという道筋が見えてきたのではないかと思います。

# 06

# EDA（探索的データ分析）

ビジネス課題をモデル構築に落とし込むために、EDAを通して適切なデータ理解に努める。

データ理解のフェーズを疎かにすると、後で大きな
手戻りが発生することになるから注意しよう！

データ理解のフェーズでは、EDAと呼ばれる
探索的にデータを見ていく作業を行う

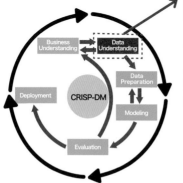

## 重要なポイント

どこにどんな
データがあるの
か確認する

各種統計量を確認
する

欠損値や外れ値
を確認する

出所：「The CRISP-DM User Guide」を元に作成

##  データ理解のフェーズで重要なEDA（探索的データ分析）

　データ理解のフェーズでは、データの構造を理解して前処理・特徴量エンジニアリング、そしてモデル構築に進むための材料にします。この部分を疎かにすると、意味のあるデータ分析はできません。EDA で探索的にデータを見ながら、ビジネス課題の特定と筋の良い仮説出しを行っていきます。

## EDAで行うアプローチ

・どこにどんなデータがあるのか

　ER 図などを基にして、どこにどんなデータがどのように格納されていて、どのように関連付けられているかを確認します。ER 図とはデータベースの設計図のことで、Entity Relationship

から ER 図と呼ばれています。データ準備の段階では、それぞれのデータテーブルの情報を連結するという作業が行われます。例えば、Web サイトにおける顧客の行動ログデータのテーブルと、顧客の会員情報のデータは別々のテーブルで管理されている、というような状況が考え

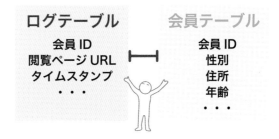

**ログテーブル**
会員 ID
閲覧ページ URL
タイムスタンプ
・・・

**会員テーブル**
会員 ID
性別
住所
年齢
・・・

られます。この時、あるユーザーの購入確率みたいなものを予測する時には、別々に存在するログデータと会員情報データを、会員 ID をキーにして紐づけて予測の元となるデータを構築していきます。

・各種統計量の確認

　それぞれのカラムの平均値や最大値・最小値など、基本的な統計量について確認します。この時、統計量だけだとデータの持つバイアスに気付かないことがあるので、必ず分布を確認します。また単一のカラムだけで確認するのではなく、複数のカラムの関係性を見ることも大事です。例えば、解約率の分析であれば、解約率は月別でどのように推移しているのか？男女で分けるとどうなるか？など、無数の切り口が考えられます。この際、各種変数の相関関係を確認するのも有用です。なお、相関関係があっても因果関係があるとは言えません。

・欠損値や外れ値を確認する

　データによっては欠損値が存在する可能性があります。欠損データをそのまま分析してしまうと様々な不都合が生じるので、欠損値に対しての対処方法はある程度おさえておくことが重要です。また、欠損値と同時に外れ値を確認していきます。外れ値があると推定精度が下がる可能性が高いので、外れ値の有無を確認する作業は非常に大事です。

### データ理解の効率を上げるために

　データ理解のフェーズの大変さは、ER 図やデータ定義書がしっかり整備されているかによって大きく変わってきます。データ理解を効率良く進めるためにも、日頃から ER 図やデータ定義書は整備しておきましょう。

# 07 前処理

モデル構築の前準備として、最適な処理を施せるようにする。

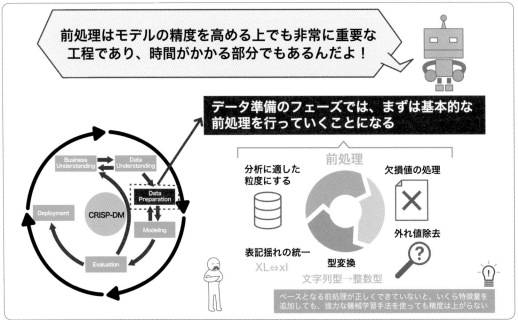

前処理はモデルの精度を高める上でも非常に重要な
工程であり、時間がかかる部分でもあるんだよ！

データ準備のフェーズでは、まずは基本的な
前処理を行っていくことになる

前処理

分析に適した
粒度にする

欠損値の処理

表記揺れの統一
XL⇔xl

型変換
文字列型→整数型

外れ値除去

ベースとなる前処理が正しくできていないと、いくら特徴量を
追加しても、強力な機械学習手法を使っても精度は上がらない

出所：「The CRISP-DM User Guide」を元に作成

##  前処理に必要な工程の種類

　精度の高いモデルを構築する上で非常に重要なパートである「データ準備」では、データの前処理や特徴量エンジニアリングと呼ばれる作業を行っていきます。データの前処理で分析に適したデータに加工処理をしていき、特徴量エンジニアリングではモデル精度を高めるために様々な特徴量を生成していきます。

・分析に適した粒度にデータをまとめる

　最初から分析しやすいデータテーブルが存在することは稀であり、データ理解の工程で得られた情報を元に散らばっているデータを結合して、分析課題に適したテーブルを作成していきます。この際にデータ理解が正しくできていないと、不適切なデータ結合をしてしまう可能性があるので注意しましょう。

・表記揺れの統一

　例えば、サイズがデータによって「XL」と「xl」となっているようなケースでは、同じはずのカテゴリデータの表記が揺れて違うカテゴリと認識されてしまいます。このような表記揺れを統一する処理をかけなくてはいけない可能性があります。

・型変換

　データは型の違いによって精度が変わります。例えば、アイスクリームの売上予測に気温を変数として使うとします。しかし、その数値が文字列として定義されていると、モデル構築時にそのデータは文字列として判断されてしまいます。気温を数値として使用すれば気温の高さと売上の関係が正しく見えたものが、正しく使えない変数となってしまうのです。

・外れ値除去

　モデル構築をする際に影響がありそうな外れ値は除外するべきです。外れ値基準としては3シグマという考え方が一般的で、3シグマは標準偏差の3倍の値を指します。

　プラス・マイナス3シグマを超えてしまう数値は全体のデータの約0.3%であり、外れ値と捉える一種の指標になります。外れ値を除外することで、モデルの精度を高められる可能性があります。

・欠損値の処理

　欠損値の処理は、前処理において非常に重要なステップです。欠損値については、P140で詳しく解説します。

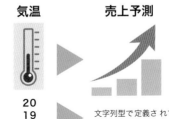

**気温**　　**売上予測**

20
19
：

**数値型で投入したいが・・・**

文字列型で定義されていることもあるので変換が必要！

※文字列型で定義されていても予測はできるが、順序情報がなくなりカテゴリとして扱われるので、数値型より精度が大幅に下がることが予想される

---

### ✏ 前処理の工程を疎かにすると、大きな手戻りが発生する

　この工程を疎かにして次の工程に進んでしまうと、後になって問題に気付いた時に大きな手戻りが発生してしまいます。だから、時間をかけても良いので慎重に進めるようにしましょう。例えば表記揺れが発生している場合、本来同じカテゴリが別のものとして判断され、精度が大きく下がることが考えられます。

# 特徴量エンジニアリング

特徴量エンジニアリングの方法を知れば、モデルの精度を高められるようになる。

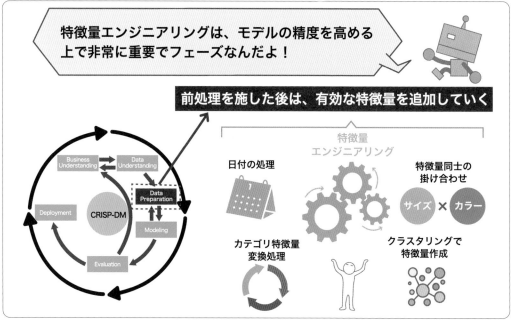

特徴量エンジニアリングは、モデルの精度を高める上で非常に重要でフェーズなんだよ！

前処理を施した後は、有効な特徴量を追加していく

特徴量エンジニアリング

日付の処理

特徴量同士の掛け合わせ
サイズ × カラー

カテゴリ特徴量変換処理

クラスタリングで特徴量作成

出所：「The CRISP-DM User Guide」を元に作成

##  特徴量エンジニアリングの種類

特徴量エンジニアリングはモデルの精度を上げる上で非常に重要な工程であり、様々なテクニックがあります。いくつかのテクニックをピックアップして見ていきましょう。

・日付の処理

インプットするデータが時系列データの場合は、日付の処理が非常に重要です。例えば、テーブルに日付データが「2021-03-31」と入っていたとします。この日付データを年月日、そして曜日データにブレイクダウンするのは、最初に思いつく変換方法でしょう。他にも、月の中での上旬・中旬・下旬に分けて特徴量に追加したり、季節ごとに分けて特徴量に追加したりすることも考えられます。

また、日付データを他の特徴量と組み合わせて、様々な粒度の特徴量を生成することも可能です。例えば、2021-03-31 の売上を予測する上で、過去 30 日の訪問回数や売上を集計して特徴量にしたり、過去 7 日のログデータを集計して特徴量にするなど、集計する期間を変えることで様々な期間の特徴量を生成することが可能です。

・カテゴリ特徴量に対しての変換処理

詳しくは P138 で紹介しますが、カテゴリ型の特徴量を変換する One-Hot Encoding や Label Encoding などのテクニックがあります。元々存在する特徴量の情報を元に変換をかけるだけで、精度が上がる可能性があります。

・特徴量同士の掛け合わせで特徴量生成

シンプルに特徴量同士をかけ合わせることで、精度が上がることもあります。例えば、商品のサイズやカラーなどといった特徴量があった時に、明示的にサイズ×カラーという特徴量を生成してあげることで、精度が上がる可能性があります。訪問回数とページビュー数という特徴量があった時に、それを割り返してページビュー/訪問回数という特徴量を追加することで精度が上がる可能性もあります。

・クラスタリングで特徴量作成

複数ある説明変数をクラスタリングにかけて新たなカテゴリを生成し、それを新たな説明変数として加えることで精度が上がることがあります。クラスタ中心からの各データの距離を特徴量とするテクニックも、データセットによっては有効です。

**特徴量同士のかけ合わせ**

| サイズ | カラー | | 訪問回数 | ページビュー |
|---|---|---|---|---|
| 赤 | S | | 20 | 100 |
| 青 | L | | 10 | 30 |
| ・ | ・ | | ・ | ・ |
| ・ | ・ | | ・ | ・ |
| ・ | ・ | | ・ | ・ |

| **サイズ×カラー** | **ページビュー/訪問回数** |
|---|---|
| 赤S | 5 |
| 青L | 3 |
| ・ | ・ |
| ・ | ・ |
| ・ | ・ |

### データ準備の工程にはものすごい時間がかかる

CRISP-DM の工程の中で一番時間がかかる工程がデータ準備です。それだけ重要な工程なのですが、モデル構築にスポットが当てられて軽視される傾向があります。重要な工程なので、しっかりと時間をかけてくださいね。

# カテゴリ型の特徴量に対する変換処理

カテゴリ型の特徴量に対する変換テクニックでモデルの精度を高める。

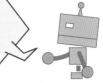

カテゴリ特徴量に対する変換処理はたくさん方法があるから、適切な変換ができるようになっておこう！

**カテゴリ特徴量は、そもそも変換しないとモデル構築ができなかったり、上手く変換することで精度が向上したりする**

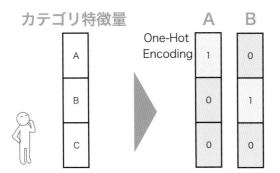

カテゴリ特徴量

One-Hot Encoding

A B

| A | 1 | 0 |
| B | 0 | 1 |
| C | 0 | 0 |

**多くの変換方法が存在**

- Label Encoding
- Feature Hashing
- Frequency Encoding

## カテゴリ型特徴量の変換処理の種類

　カテゴリ型の特徴量に対しては適切な処理を施さないと、そもそもモデル構築ができなかったり、精度が上がらなかったりする可能性があります。そのため、様々な変換処理が存在しているのです。

・One-Hot Encoding

　One-Hot Encoding は、統計学の世界でダミー変数化と呼ばれるアプローチと同義であり、多クラスのカテゴリーを 0,1 ラベルで表す特徴量として展開していきます。例えば、次ページの図のようなケースだと、One-Hot Encoding をすることにより①のようなデータ構造に変換されます。この時、1 つのカラムであったカテゴリが、A と B の 2 つのカラムに分解されています。なお、A が 0 で B が 0 であれば C ということが明示的に分かるので、C のカラムは必要ありません。

・Label Encoding

　Label Encoding では、そのままカテゴリ型の特徴量を数字に直します。A,B,C の場合はそれらを 0,1,2 とし、図の②のようになります。ちなみに、決定木モデル（単一の決定木だけでなくランダムフォレストや勾配ブースティング木なども含む）以外の手法では、Label Encoding では元々のデータが意味するカテゴリ的特徴を反映してくれません。

・Feature Hashing

　Onc-Hot Encoding では、10 の水準を持つカテゴリの場合、新たな特徴量が 9 つ生成されることになります。つまり、水準が多ければ多いほど特徴量が増えて高次元になっていき、計算が不安定になる可能性が考えられます。そこで行われるのが、この Feature Hashing です。Feature Hashing では、複数の水準を 1 つのカラムで表現します。例えば図の③の例だと、A と B であることを 1 つの水準としてカラムにしています。これにより、特徴量が増えすぎるのを防ぐことができるのです。

・Frequency Encoding

　Frequency Encoding は、各水準の出現回数でカテゴリ変数を置き換えます。例えば図の例だと、それぞれ A、B、C の出現回数が 4、2、1 なので、④のように変換されます。

　ここで紹介したアプローチ以外にも様々な変換手法があります。変換手法を変えるだけで精度が変わるので、ぜひ幅広いアプローチを理解して使えるようになっておきましょう。

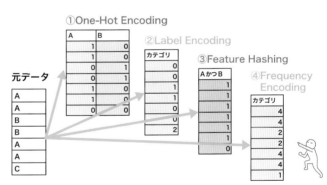

第四部　重要用語編　ビジネスの理解からデータの調理　モデル構築前の重要なプロセスを理解するためのキーワード

---

**新たな特徴量の追加**

　ここでは細かいエンジニアリングを紹介しましたが、実務ではそもそもデータを計測するところから設計したり、外部から必要なデータを引っ張ってきたりすることも多いです。特徴量エンジニアリングのテクニックを知っておくのは大事ですが、近視眼的になるのではなく、広い視野で特徴量を見つけられるようにしておきましょう。

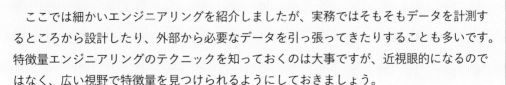

# 10 欠損値処理

欠損値の処理を適切に理解すれば、モデル精度を高められるようになる。

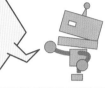

> 一口に欠損値と言っても、色んなパターンの
> 欠損値があるから注意が必要だよ！

欠損が生じていると
精度に大きな影響がある

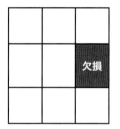

**欠損パターン**

## MCAR
→完全に無作為な欠損

## MAR
→条件付きで無作為な欠損

## MNAR
→無作為ではない欠損

**欠損値処理**

欠損があるサンプル
を削除する方法

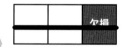

欠損箇所を何かの値
で埋めてやる方法

 **欠損のパターン**

　欠損値とは、データの一部が何かしらの理由によって取得できなかったデータのことを言います。欠損値があるデータは、上手く処理しないと適切な結果が得られません。そんな欠損値には、大きく分けて「MCAR、MAR、MNAR」の3つの発生パターンがあります。

　1つ目は、「完全に無作為な欠損」という意味で、Missing Completely At Random の略で「MCAR」と呼びます。例えば、体重測定のデータを取得する際に、体重を測る人ごとにサイコロを振ってもらい、1が出たら体重を計らないとすれば、欠損は MCAR になります。

　2つ目は、「条件付きで無作為な欠損」という意味で、Missing At Random の略で「MAR」と呼びます。これは、観測された他のデータで条件付けるとランダムになることを言います。

　先ほどのデータで言うと、女性の方が体重を計りたくないと考えるので、性別によって欠損確率が変わります。しかし、女性だけに絞ると欠損はランダムと考えられ、MAR になります。欠

損が MAR の場合、欠損が存在するサンプルを削除して分析すると推定結果が偏ることがあり、適切に処理する必要があります。実際のデータでは、欠損は MAR の場合が多いです。

3つ目は、「無作為ではない欠損」という意味で、Missing Not At Random の略で「MNAR」と呼びます。これは、欠損する

**体重測定データの場合**

| MCAR | MAR | MNAR |
|---|---|---|
| サイコロを振りランダムで測定しない | 女性の方が男性より測定しない | 体重が重い人は測定しない |

確率が欠損データ自体に依存していることを表します。先ほどのデータで言うと、体重が重い人ほど体重を計りたくないという状況では、体重によって欠損確率が変わります。

## 欠損値の処理方法

**・欠損があるサンプルを削除する方法**

最も単純なのは、各サンプルで欠損が発生しているのであれば、そのサンプルを削除してしまう方法です。削除して完全なデータにしてから回帰分析などの解析を行いますが、これはリストワイズ法と呼ばれます。リストワイズ法は欠損が MCAR であれば推定結果は不偏ですが、MAR の場合には偏りが出ることがあります。また、サンプルを削除するので、サンプルが少なくなり解析する時に推定効率が下がるなどの問題も起こりかねません。

**・欠損箇所を何かの値で埋めてやる方法**

代入法あるいは補完法と呼ばれる方法です。欠損部分に「平均値」や「0」など何かの値を代入することで、完全なデータにしてから回帰分析などの解析を行います。

**代入法の応用版である多重代入法**

通常の代入は単一代入法と言い、代入に用いるモデルが1つだけであり、代入のためのモデルのばらつきを評価できていません。そこで考えられたのが、多重代入法です。無作為に抽出された M 個のデータセットそれぞれで代入を行い、その後それぞれのデータセットで解析を行います。そして最後に M 個の解析結果を統合することで、最終的な解析結果とします。

第四部　重要用語編　ビジネスの理解からデータの調理　モデル構築前の重要なプロセスを理解するためのキーワード

# 第四部 実践スキル編

需要予測のプロセスを学び、
現場の課題感を
分析に落とし込めるようなる！

用語編では、CRISP-DM のフレームワークに沿って機械学習をビジネスに導入する際のプロセスについて学んできました。そして実践編では、実際にこのフレームワークを需要予測プロジェクトにおいてどのように使っていくのか見ていきます。モデル構築を行う前にビジネスの理解とデータの理解をしっかり行い、モデルに投入するためのデータの準備をしていきましょう。非常に重要なプロセスです。

KeyWord

▶ CRISP-DM（前半）

▶イシューの特定

▶ EDA（探索的データ分析）

▶前処理

▶特徴量エンジニアリング

# 課題の特定と
# 業務理解の重要性

KeyWord ▶ CRISP-DM（前半）、イシューの特定

第四部実践スキル編では、どのように現場に機械学習が導入されていくのかを実感してもらいます。CRISP-DM の流れに沿って見ていきましょう。

美咲と海斗は他の部署から頼られる存在として、各部署の多くの課題が美咲と海斗のもとに集まるようになりました。その中には、商品供給における大きな課題もあります。

2 人の会社では EC の売上比率が高いものの、実店舗での販売も行っています。そして EC と複数の実店舗を保有しているからこその、商品供給の課題があるようです。

なるべく在庫が多くならないよう最適な商品数を店舗に供給するように設計をしているのですが、在庫を抑えると逆に機会損失が増えてしまいます。もちろん、会社の中には最適な需要を考えて商品供給計画を考える部署があり、その部署が店舗の担当者と連携しながら在庫を補充しています。しかしその運用は、どうしても今までの勘と経験に頼りがちなところがあり、最適な在庫計画が作れているかというと疑問が残る運用でした。

そこで、どうにかしてデータサイエンスの力で最適な在庫計画を作れないかという話が、美咲と海斗の部署に来たのです。

 需要予測はデータサイエンスを活かすのにうってつけの領域ね。とはいえ、単純に需要を予測すれば済む話でもなさそうだから、まずはちゃんと部署の方の話を聞いてみて、実現可否や本当に機械学習を使う必要があるのか見定めていこうよ！

 そうだねー。とりあえずどんな課題があるのか、業務フローはどうなのかをヒアリングして、どのように解決したいのかすり合わせていこうか。

2 人はまず、サプライチェーンの部署に話を聞くことにしました。まずは現場の担当者と議論しながら、イシューの特定をしていくことが大事です。現状はどんなオペレーションで運用していて、どんな課題が見えているのか、需要予測はどの粒度で何日分予測するのか、需要予測をし

た後はどんなアクションを取るのか、など。

　店舗在庫は1週間に1回、水曜日の開店前に補充します。そして、発注担当者がそれぞれの店舗の在庫状況や今までの経験をもとに、月曜日中にどの店舗にどのくらいの商品を送るかを決定して、各オペレーションにつないでいます。

　さて、ここで図1を見てください。

図1　在庫補充のワークフロー

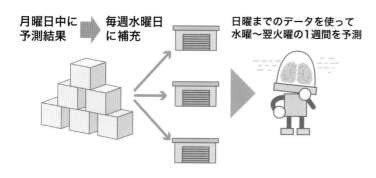

　1週間に1回、水曜日の開店前に補充するということは、需要予測は水曜日から翌週火曜日までの1週間分を予測すれば良いということになります。また、需要予測の結果を出してからのオペレーションのリードタイムを考えると、2日前の月曜日中に予測結果が必要なことが分かりました。よって、使えるデータは日曜日までのデータということになります。このような業務フローをヒアリングしない状態で需要予測をしようとすると、せっかく作ったモデルが業務に乗らない可能性が出てきます。

　例えば、今回のケースで予測実施日の翌日から1週間の予測を出力するモデルを構築したとしましょう。しかし現場の業務フローでは、日曜日までの実績をもとに、月曜日に2日後の水曜日から1週間分の予測を算出する必要がありました。すなわち、本来であれば予測実施日の2日後から1週間の予測を出力する必要があるわけです。これを考慮せずモデルを構築してしまうと、実際に運用に乗せようとした際に、月曜日中に予測結果を出力することができず大きな手戻りが発生する可能性があります。

　莫大なお金をつぎ込み、多くの人を巻き込んで大規模プロジェクトを組んで進めた挙げ句、最終的に業務に乗せることができない、なんてことになったら悲惨ですよね。そのため、しっかり事前に業務フローに乗せることのできる設計を考えておく必要があるのです。

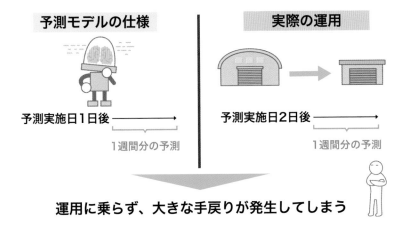

図2　モデルが運用に乗らないと悲惨なことになる

予測モデルの仕様

予測実施日1日後 ——————→

1週間分の予測

実際の運用

予測実施日2日後 ——————→

1週間分の予測

運用に乗らず、大きな手戻りが発生してしまう

　なお、予測対象のデータが多く処理が非常に重い場合、前処理や予測に長い時間がかかる可能性もあります。そのようなデータの処理や予測算出の時間も鑑みた上で業務に乗せて、安定稼働できる設計を考えなくてはいけません。

　さて、予測のフローは把握できましたが、予測対象の粒度についても確認しておく必要があります。

 在庫補充の対象は各店舗の各商品という認識であってますでしょうか？

 はい、各店舗の商品ごとに在庫補充数を決定しています。

　在庫補充の問題を解決するのであれば、予測のターゲットは各店舗各商品になるでしょう。でも、人員配置の問題を解決するのであれば各商品までの予測は必要なく、各店舗の需要さえ分かれば良いかもしれません。
　このように、データサイエンスを使って解くべき課題によって要件が変わってくるので、予測

の対象の粒度もしっかり明確にしておくことが重要です。

---

### データサイエンスにおいて重要なビジネスサイドとのすり合わせ

　今回のケースでは需要予測を扱っていますが、需要予測に限らずデータサイエンスを扱う際に重要なのは、最初に要件をデータサイドとビジネスサイドですり合わせた上で、前提条件とゴールを明確にすることです。さらに、業務フローやモデルに期待すべき基準なども明確にしておきましょう。そうしないと、せっかく良いモデルができても現場に導入することができないということになりかねません。

---

現状の在庫補充のフローと予測ターゲットについては何となく分かりました。ちなみに、現状の課題感があれば教えていただけますか？

今までは、過去の一定期間の平均を取る形で非常にシンプルに需要予測値を算出して、それをもとに在庫補充計画を立てていました。しかし最近になって、突発的な需要を捉えられず機会損失を大きく生んでしまったり、そうかと思ったら急に需要が落ち込んで過剰在庫になってしまったりするケースが多発してしまっているのです。

なるほど、確かにシンプルなロジックだと予測にも限界がありますよね。そこで、機械学習を使って需要をもっと正確に予測できないかと考えたわけですね。

　今回のケースは、シンプルに算出しているロジックの精度が悪いので、AIを使って需要を高い精度で当てることができないかという「精度改善」のお題でした。

　需要予測課題の目的が精度改善になるのは当たり前のように思えますが、ここでもビジネス要件によっては目的が変わってくることがあります。例えば、需要予測が非常に煩雑なフローになっていて、人的コストがものすごくかかっているとしましょう。その場合、精度が低いことが課題なのではなく、人的コストがかかりすぎていることが課題です。すなわち、ここでは現状の精度を必ずしも改善する必要はなく、現在の精度を担保しつつAIで自動的に予測値を算出することのできるフローを作って、人的コストを下げることができれば良いかもしれません。

図3　需要予測における課題と目的の違い

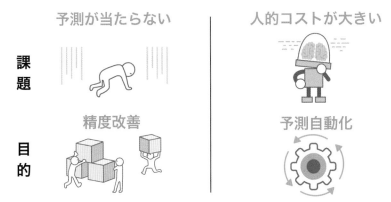

**ビジネス課題を特定してAIを導入する目的を把握しよう！**

　もちろん精度を上げられればそれに越したことはありませんが、精度を上げる作業には際限がありません。さらに精度を上げれば上げるほど、微妙な差を改善するのにコストは指数関数的に上がっていきます。また精度を上げるためには、複雑な特徴量を作成したり、複数のモデルを作成し最終的な結果をアンサンブルしたりする必要があり、運用に乗せた後のオペレーションコストが高くなってしまう可能性が高いです。

図4　**精度はどこまで上げ続けるべきなのか？**

**ビジネス要件次第では、精度向上は95％までで十分かも**

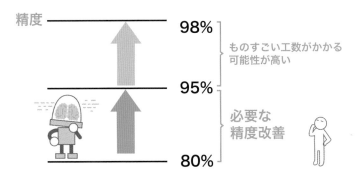

　データ分析コンペティションのような場では精度を上げることが最大の目標ですので、それに対するコストは考えませんが、図4のように、実務の場では精度を上げるのに莫大なコストがかかるのであれば、やらないと判断することも多いです。これらを鑑みて機械学習を導入していく必要があり、そのためには、最初に現場とビジネス要件をしっかり確認しておく必要があるのです。

## 精度の基準ってあるの？

果たしてどのくらいの精度であれば良いのかという問題は、機械学習プロジェクトで議論になるポイントです。医療領域や人命に関わる自動運転などの領域では、クリアしなければいけない精度基準が設けられますが、需要予測やマーケティングなどのビジネス領域では明確な基準がないケースも多いです。

基本的には、現状の運用での結果をベンチーマークとして、そのベンチマークを超えることを目指します。それ以上の精度に関しては、PoC 的に特定の期間でモデル構築してみてどのくらいの精度が出るかを試した上で、それ以上の向上を求めるのか、今の精度で十分なのかを議論する流れを取ることが多くなります。

# ビジネス課題を特定した後に、データを探索的に確認して特徴量を洗い出していく

KeyWord ▶ EDA（探索的データ分析）、前処理、特徴量エンジニアリング

要件を明確にした 2 人は、早速データを見ていくことにしました。まずは、どのデータがどこに格納されていて、それぞれどんなデータ構造になっているのかを確認していきます。この会社ではしっかりデータ定義書が整備されていたので、そちらを確認しながらそれほど時間をかけずに全体像を把握することができそうです。

図 5 を見てください。今回使えそうなテーブルとしては、取引テーブル、店舗テーブル、商品テーブル、会員テーブル、キャンペーンテーブルがありました。

第四部　実践スキル編　需要予測のプロセスを学び、現場の課題感を分析に落とし込めるようなる！

図5　必要なテーブルのピックアップ

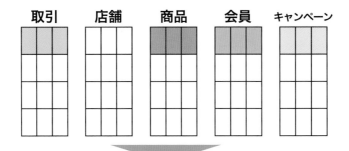

**データ定義書やER図を確認しながら、利用できそうなテーブルをピックアップ！**

**データの理解を進めていく**

定義書の確認　×　EDA（探索的データ分析）

**※定義書が整備されていないと、データの理解にものすごい工数がかかる**

---

### ドキュメントの管理

　ここで重要なのが、P128のデータマネジメントでも解説した設計書や定義書です。ドキュメントが存在しない、もしくはドキュメントが正しく整備されていないと、初期のEDAにものすごい時間がかかってしまいます。全てのテーブル名やカラム名が分かりやすい名称で定義されていることは稀であり、会社独自の略称で定義されていることも多々あり、データを見ただけでは何を表しているのか分からないことが多いのです。

---

　続いて、これらの取引テーブル、店舗テーブル、商品テーブル、会員テーブル、キャンペーンテーブルの詳細を確認していきます。

　取引テーブルには全取引データが入っており、ベースとなるテーブルになりそうだということが分かりました。具体的には、取引テーブルには取引IDと売上日付と店舗IDと、商品IDと会員IDと販売個数と販売売上が入っているようです。つまり、「いつどの店舗で、どの商品が何個いくらで売れたかが分かるテーブル」ということになります。全取引が会員による取引というわ

## 図6　取引テーブルのイメージ

| 日付 | 取引ID | 店舗ID | 商品ID | 会員ID | 販売個数 | 販売売上 |
|---|---|---|---|---|---|---|
| 2021/2/20 | 1XXXXX | 2XXXXX | 3XXXXX | 4XXXXX | 3 | 10,000 |
| ・・・ | ・・・ | ・・・ | ・・・ | ・・・ | ・・・ | ・・・ |
| 2020/10/20 | 1YYYYY | 2YYYYY | 3YYYYY | 4YYYYY | 2 | 5,000 |

**いつどこで何がどのくらい売れるのか？**

けではないですが、購入したお客さんが会員であれば、会員IDも紐づく設計になっています。

　本来であればもっと多くのカラムが存在しますが、ここでは話を簡単にするために主要のカラムだけ取り上げています。

取引テーブルと他のテーブルとの結合関係について見ていこうよ。

そうだね。取引テーブルにある店舗IDで、店舗テーブルの情報を紐付けることができて、商品IDで商品テーブルの情報と紐付けることができて・・・。

## 図7　各種テーブルの関係性

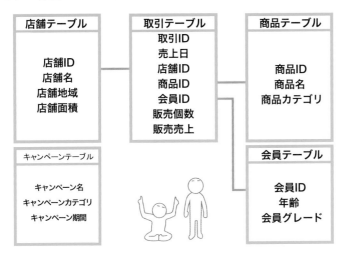

ここからは、P132で学んだER図を見ながら、それぞれのテーブルの結合関係を確認していきます。取引テーブルに存在する店舗IDと商品IDと会員IDは、それぞれ店舗テーブル、商品テーブル、会員テーブルと紐付きます。店舗テーブルには、店舗IDと店舗名と店舗地域と店舗面積が存在することが分かりました。また商品テーブルには、商品IDと商品名と商品カテゴリが存在することが分かり

ました。そして会員テーブルには、会員 ID と年齢と会員グレードが存在することが分かりました。さらにキャンペーンテーブルには、キャンペーン名とキャンペーンカテゴリとキャンペーンの実施期間が入っているようです。なお、キャンペーンテーブルは取引テーブルとは ID 単位で紐付いていないので、特徴量にする際に他のテーブルとは違う処理をする必要があります。

まとめると、図 7 のようになっていることが分かりました。

 ざっと主要テーブルと関係性が洗い出せたから、ここから色んな切り口でデータを見ていきましょう！

 そうだね、まずは大枠から把握していこうか。

図8　**時系列のグラフ**

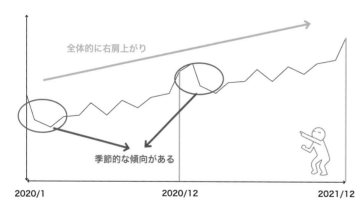

さて、データ構造や関係性が理解できた後は、EDA（探索的データ分析）をしていきましょう。様々な切り口でデータを見ていく必要がありますが、まずは大枠から眺めていきます。

全体として、販売個数の推移はどうなっているのでしょうか？ 時系列で並べて見てみましょう。月別で販売個数を並べてみると、図 8 のようになりました。この時系列グラフから、どんなことが分かるでしょうか？

 どんな傾向が見られるの？

まず、全体的に右肩上がりで販売個数が堅調に推移していることが分かるよね。そして月別に見ると、年末にかけて販売個数が上昇していき、12月と1月をピークに2月3月と落ち込んでいく傾向がありそう。クリスマスや年末年始商戦があるから、12月/1月は販売実績が伸びるのだろうか？

　図8のグラフから、販売月は特徴量として利用した方が良いことが分かりますよね。月を特徴量に入れるのは当たり前と思うかもしれませんが、まずはこのように当たり前のグラフを当たり前に眺めることで見えてくることもあります。例えば、新型コロナウィルスや様々な外部要因の影響で大きく特徴的に落ち込んでいる時期があったり、データの不備で取得できない時期があったりなどが見えてくるかもしれません。その場合、それらの期間をモデル構築時に学習データに含めるか否かを議論する必要が出てきます。

---

### 周期性のある特徴量へのエンジニアリングテクニック

　ちなみに今回のケースでは12月と1月がピークであり、隣り合う月であるにも関わらず、そのまま1~12というカテゴリ特徴量を持たせてしまうと、1と12が近いという情報が失われてしまいます。そこで1~12に周期性を持たせて、sin/cos変換した上で特徴量として利用するテクニックもよく使われます。この周期性を特徴量の情報として保持させるテクニックは、時間系の特徴量にはよく使うので覚えておきましょう

---

 月別の傾向が分かったところで、曜日によって特徴的な傾向はないのか調べてみようよ。曜日ごとの販売個数の平均値を取って並べてみようか。

 確かに、曜日の違いも顕著にありそうだね！

　曜日ごとの販売個数の平均値を取って並べると、結果は図9のようになりました。このグラフから何が言えるでしょうか？

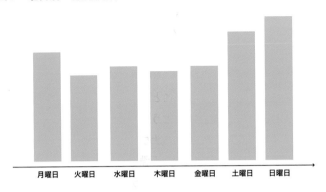

図9 曜日別の販売個数

月曜日　火曜日　水曜日　木曜日　金曜日　土曜日　日曜日

やはり、特徴的なのは土曜日・日曜日です。休日は販売個数が増える傾向にあるようです。そして、月曜日も少し販売個数が多くなっているようですね。ここで、もしかすると月曜日は祝日であることが多いため、平均を取ると販売個数が多くなっているのかもしれないという仮説が立てられます。そのため、曜日の特徴量とは別に、祝日・休日かそれ以外という情報を判別できる特徴量を投入すると良いかもしれません。実際には、本当に月曜日の中で祝日と通常日で違いが生まれているのか、集計してみると良いでしょう。

　さて、ここまでは「月別と曜日の粒度」で見てきましたが、他にも日別に見てみると月末の日付は特徴的な傾向が見られたり、月の初旬と中旬と下旬で特徴的な差異が見られるかもしれません。日付データは色んな切り口で特徴量にすることができるので、データセットにあった傾向を見つけて特徴量にしましょう。

　ただ、ここで少し疑問が生じます。最初のビジネス課題設定で確認したとおり、今回の需要予測では、日曜日までのデータを使って水曜日から翌火曜日までの1週間の需要を予測するというオペレーションが決まっていました。1週間の需要を予測するとなると、ここまで見てきた日付データはどのように処理をすれば良いのでしょうか? 1週間の中で月をまたぐこともあるでしょうし、1週間でまとめると曜日の差はなくなってしまいます。

　実は、1週間の需要を予測するとは言っても、まずは1日ごとに予測をして、最終的に予測値として1週間分を出力するアプローチが取られることがあります。詳しくは第五部の実践編に持ち越しますが、このケースでも日別に予測をして週別に直すアプローチを取ります。

図10　予測のフロー

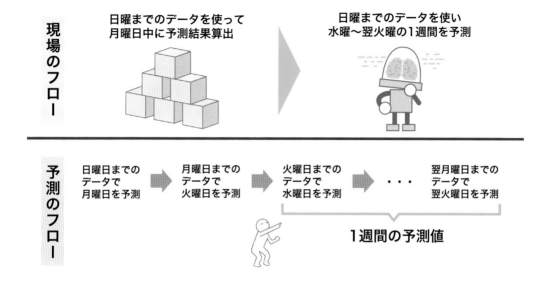

もちろん週別で予測をした方が良いケースもあるので、実際の分析現場では様々なパターンを試した上で最適なモデルを選択すべきです。

日付系のデータは一通り分かったわね。
次は、キャンペーンデータはどうか見てみようよ！

　続いて、キャンペーンデータについて見ていくことにしました。
　キャンペーンデータは、キャンペーン名とキャンペーン期間とキャンペーンカテゴリがカラムとして存在しています。まずは、キャンペーン実施期間か否かで販売個数がどのくらい変わるのか見てみましょう。キャンペーンを実施している期間としていない期間に分けて、各期間の1日あたり平均販売個数を見てみます。すると、図11の左側の棒グラフのようになりました。

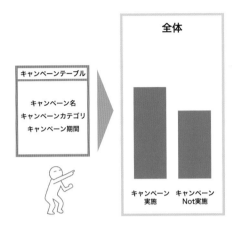

図11 キャンペーンによる販売個数の違い

キャンペーンテーブル

キャンペーン名
キャンペーンカテゴリ
キャンペーン期間

全体

キャンペーン実施 / キャンペーンNot実施

休日・祝日

キャンペーン実施 / キャンペーンNot実施

これを見ると、やはりキャンペーン実施時期の方が1日あたりの平均販売個数が多いことが分かります。しかし、キャンペーンは休日や祝日に合わせてやることが多いので、もしかすると休日と祝日に引っ張られて販売個数が多くなっているだけで、キャンペーンの影響ではないかもしれません。そのため、休日・祝日に絞ってキャンペーン実施時期とそうでない時期の比較をしてみることにしました。それが、図11の右の棒グラフです。休日・祝日においても、キャンペーン実施時期のほうが販売個数が多いことが分かります。このことから、キャンペーン実施時期を特徴量として入れることで効果が見込めそうだということが分かりました。

　さて、ここでキャンペーン時期に対する考察はやめてしまっても良いのですが、もう少しだけ踏み込んでみましょう。

 キャンペーン時期に販売個数が多くなるのは分かるけど、逆にキャンペーン時期の前後の販売個数ってどうなるんだろう？

 確かに、キャンペーン前って買い控えするし、キャンペーン後にわざわざ買うことも少ないよね。キャンペーン期間かどうかも大事だけど、キャンペーン期間の前後も重要な特徴量になりうるかもしれない。見てみようか！

　確かに、キャンペーン時期の前後にも、もしかすると特徴的な傾向が見られるかもしれません。そこで、キャンペーン実施期間・キャンペーンの前1週間・キャンペーンの後1週間・通常の期間の集計をしてみることにしました。
　結果は図12のとおりです。

図12　キャンペーンの期間前後の販売個数を確認

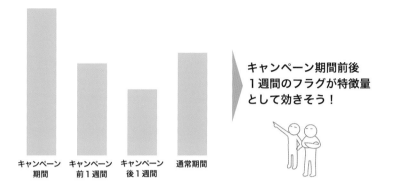

キャンペーン期間前後
1週間のフラグが特徴量
として効きそう！

キャンペーン期間　キャンペーン前1週間　キャンペーン後1週間　通常期間

おー、見事に違いが出たね。これは良い特徴量になりそう！

　見事に、キャンペーンの前1週間と後1週間の販売個数が少なくなっていることが分かります。特にキャンペーン後1週間の販売個数の落ち込みが顕著です。これを見る限り、キャンペーン実施期間だけではなく、キャンペーン前1週間かキャンペーン後1週間かを判別するようなフラグを特徴量として持たせることで、モデルの精度改善に効きそうです。

　続いて、キャンペーンの種類について見ていきましょう。

キャンペーンテーブルには、キャンペーン名とキャンペーンカテゴリが入っているみたいだね。キャンペーン名は固有の文字列で入っていて、カテゴリはいくつか種類がありそうだよ。

　キャンペーンテーブルにはキャンペーンカテゴリというカラムがあり、それを見てみると、キャンペーンカテゴリには「定期セール」と「その他」という2つの種類があることが分かりました。「定期セール」は割引のキャンペーンで、定期的に特定の季節にやっているようです。「その他」には色んなキャンペーンが混ざっているようでした。

　これらのキャンペーンを目検で見てみると、例えば次のようなものがあります。

・「10 周年キャンペーン _20201005」
・「夏だ！サマーキャンペーン _20190708」
・「9 周年キャンペーン _201901005」

　このような固有な文字列が入っているカラムは、そのまま投入してもあまり意味がありませんが、特定のルールに基づいて適切な処理を施すことで強力な特徴量となりえます。

　この場合、それぞれのキャンペーンには開始日付が入っており、このままキャンペーン名を特徴量として加えても、学習データに使うキャンペーン名は予測する対象の未来のデータに出てこないはずなので意味がなさそうです。しかし、10 周年キャンペーンと 9 周年キャンペーンは同じ周年キャンペーンとしてくくり、周年キャンペーンか否かというフラグを特徴量として加えることには意味がありそうですね。

　実際に学習データにする際は、その日が周年キャンペーン期間中か否かという形で特徴量にしていくと良いでしょう。このキャンペーン以外にも、キャンペーン名を目検でチェックしてみることで面白い傾向が見つかるかもしれません。


　ところで、この時に注意しないといけない問題として「表記揺れ」があります。表記揺れとは、同じ対象だけど違う表記になってしまっている現象のことを指します。例えば、「10 周年キャンペーン _20201005」という周年キャンペーンが同じ名称で統一されていれば良いのですが、「8 周年 Campaign_20181005」などと一部英語になって登録されている可能性もあります。このような場合は、同じキャンペーンでも表記が違うので、同じキャンペーンと判断するのは難しいです。

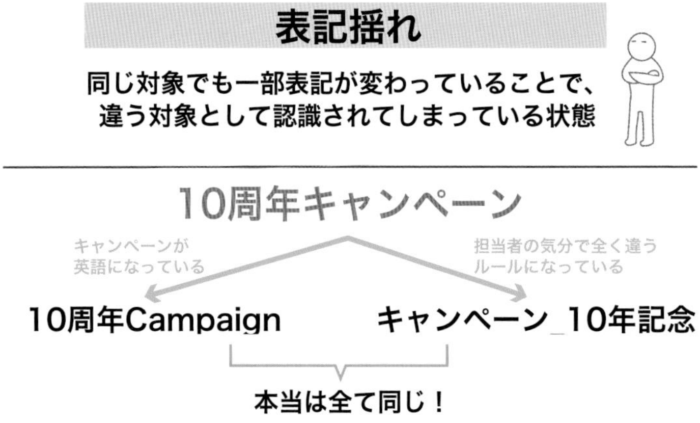

　特定のルールに従ってキャンペーン名が作成されている場合は問題ないかもしれませんが、ルールに従わないでキャンペーン名を登録してしまう担当者がいると、表記揺れが起きてしまいます。そもそも、厳格

図13　表記揺れ

**表記揺れ**

**同じ対象でも一部表記が変わっていることで、
違う対象として認識されてしまっている状態**

## 10周年キャンペーン

キャンペーンが
英語になっている　　　　　　　　担当者の気分で全く違う
　　　　　　　　　　　　　　　　ルールになっている

### 10周年Campaign　　　キャンペーン_10年記念

**本当は全て同じ！**

なルールがなく担当者の気分で名称を付けていると、多数の表記揺れが生じてしまう可能性もあるでしょう。表記揺れが生じると分析に支障をきたすので、なるべく前処理の段階で解消するようにしておきたいところなのです。

　さて、いくつかの切り口でデータを見て特徴量としてきましたが、これ以外にも無数の切り口が考えられます。様々な角度からデータを見て、特徴量にしてモデル構築につなげていくのが、EDA（探索的データ分析）、前処理、特徴量エンジニアリングの工程なのです。

 やっぱり、モデル構築に行く前の「データを理解して適切なデータを準備するフェーズ」は本当に大変だよね。

 モデルの良し悪しは、このフェーズにかかっていると言っても過言ではないもんね。よし！　概ね特徴量を洗い出すことができたから、ここからはモデル構築のフェーズに移っていこう！

- 最初にビジネス要件をデータサイドとビジネスサイドですり合わせた上で、前提条件とゴール、業務フローやモデルに期待すべき基準などを明確にしておかないと、良いモデルができても現場に導入することができないということになりかねない
- 精度はただ上げれば良いというわけではなく、実務の場では、精度を上げるのに莫大なコストがかかるのであれば「やらない」と判断することもある
- 様々な角度からデータを見て自分の仮説をぶつけていくことで、モデルの精度に寄与する特徴量が見つかることがある
- 同じ意味を持つ対象データであっても、入力時のエラーやルールの間違いで表記が違っている「表記揺れ」という現象が起きてしまうことがあるので要注意

# 第五部 重要用語編

## モデル構築から現場への導入

良いモデルを構築し、継続的に
ビジネス価値を生み出すためのキーワード

第五部では、CRISP-DM の後半の工程であるモデル構築・モデル評価・モデル実装のプロセスに沿って、モデル構築の際におさえておくべき用語やモデル評価の際の評価指標などをピックアップして学んでいきます。良い機械学習モデルを選定し、ビジネスに導入して継続的に価値を生み出すためには、モデル構築以降のプロセスも非常に重要です。モデル構築だけで満足するのではなく、その後の保守運用を見越した設計を考えましょう。

## CONTENTS

# 01 モデル構築

ビジネスにインパクトを与えるような機械学習モデルを構築したい。

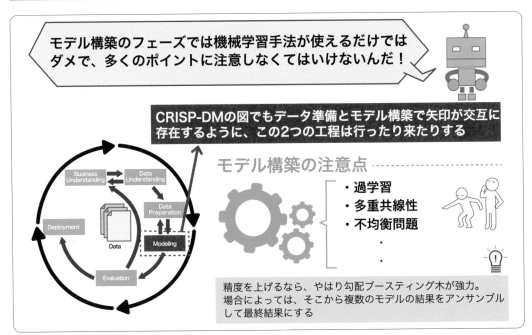

モデル構築のフェーズでは機械学習手法が使えるだけでは
ダメで、多くのポイントに注意しなくてはいけないんだ！

**CRISP-DMの図でもデータ準備とモデル構築で矢印が交互に
存在するように、この2つの工程は行ったり来たりする**

モデル構築の注意点

・過学習
・多重共線性
・不均衡問題

精度を上げるなら、やはり勾配ブースティング木が強力。
場合によっては、そこから複数のモデルの結果をアンサンブル
して最終結果にする

出所：「The CRISP-DM User Guide」を元に作成

##  モデル構築において注意すべきポイントは？

第五部では、CRISP-DM の後半部分である Modeling（モデル構築）、Evaluation（評価）、Deployment（実装）の 3 つについて解説していきたいと思います。ビジネス課題を特定し、データを探索的に見ていき、データの前処理や特徴量生成を行った上でやっとモデル構築のフェーズに入れるのです。

### ・過学習

過学習は、データ分析の分野では有名なトラップです。簡単に言うと、手元にあるデータだけにピッタリ合い、将来のデータに対して全く合わないモデルを作ってしまうこと。手元のデータだけ説明できても、将来の未知データを説明できるとは限りません。むしろ、手元のデータに対してフィッティングし過ぎると、未知データの予測精度は下がってしまいます。データには必ず

ノイズ（誤差）が存在するため、完璧に当てることはほぼ不可能です。完璧に当てようとすると、ノイズ自体にも適合したムダに複雑なモデルを作ってしまい、将来のデータには上手く当てはまらなくなってしまうのです。

・多重共線性

　多重共線性とは、回帰分析などのモデル構築の際に、相関の高い特徴量を複数モデルに投入して、回帰係数の推定精度が不安定になってしまうトラップです。例えば、売上を予測する際に気温のデータがあり、その摂氏と華氏を特徴量として投入してしまうようなケースでは多重共線性が起きます。そのため、なんでもかんでも特徴量を投入するアプローチは望ましくありません。

　ちなみに、機械学習の文脈で高い予測精度を求める場合は多重共線性を考慮する必要がないので、あまり気にせず特徴量として投入するケースも多いです。ただそのような場合においても、どの特徴量が強く効いているかを示す特徴量重要度は、多重共線性が生じている場合に不安定になるので注意が必要です。

・不均衡データ

　不均衡データとは、「データ構造に偏りがあるデータ群」のことです。例えば、正常データと異常データの比率が 999:1 だとします。このデータに対して、全てのデータを正常と判定する分類モデルを作った場合、本来正常のデータは全て正常と予測され、本来異常のデータも正常と予測されることになります。そして、予実の正当率はなんと 999/1000＝99.9％ となる。精度が高そうですが、その裏には不均衡データという罠が潜んでいます。

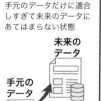

**過学習**
手元のデータだけに適合しすぎて未来のデータにあてはまらない状態

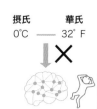

**多重共線性**
相関の高い特徴量を複数投入してしまうと、回帰係数が不安定になる問題

摂氏　　華氏
0℃　—　32°F

**不均衡データ**
偏りがあるデータ群を分類するモデルを作成しようとすると、適切なモデル選定ができない問題

## モデル構築のフェーズでどの機械学習手法を選べば良いのか

　機械学習の使い分けですが、基本的には最初に一般的な決定木や回帰などで試した後に、勾配ブースティング木を使うことが多いです。精度をさらに上げたい場合は、複数の手法を使ってモデルを構築して、アンサンブルした結果を出力します。

# 02 過学習

過学習の罠を理解しておけば、適切なモデル構築ができるようになる。

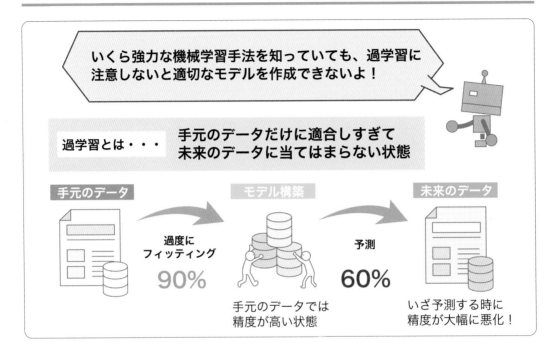

いくら強力な機械学習手法を知っていても、過学習に注意しないと適切なモデルを作成できないよ!

**過学習とは・・・** **手元のデータだけに適合しすぎて未来のデータに当てはまらない状態**

**手元のデータ** → **モデル構築** → **未来のデータ**

過度にフィッティング **90%**

予測 **60%**

手元のデータでは精度が高い状態

いざ予測する時に精度が大幅に悪化!

 ## 学習データとテストデータに分けて検証を行う

　過学習の回避法ですが、学習データとテストデータに分けて検証を行うというのが、最もシンプルでありメジャーな方法です。そもそも、手元の全データを用いてモデルを作成しようとするから過学習が起きてしまうのですから、学習データとテストデータを分けてモデルを構築することで、過学習が起きにくいモデルを作成することができます。

　分けた後の学習データを使ってモデルを構築して、テストデータの推定値を算出し、得られた推定値とテストデータの実測値の差を計算します。この時、学習データは上手く推定できているのにテストデータは上手く推定できないという場合、適切なモデル構築ができていないということになり、過学習の疑いがあります。

　このように、疑似的に未知のデータを作り出すことで過学習を未然に防ぐモデル構築が行えるのです。そして、この学習データとテストデータを分けて検証を行うことを、バリデーションと

呼びます（詳しくは P166 で）。

# AIC/BICなどの情報量規準を用いる

　基本的に、1つ目の手元のデータを、学習データとテストデータにスプリットするアプローチを使うのが一般的ですが、他にも過学習を防ぐアプローチは色々と考えられてきました。その1つが、AIC や BIC などの情報量規準を用いてモデルを評価する方法です。

　AIC（赤池情報量規準）や BIC（ベイズ情報量規準）などを指標とすることで、過学習を回避したモデルを選定することが可能です。これらの情報量規準は、特徴量の数を罰則項として与えることで学習データに対する過剰なフィッティングを防ぎます。式で考えると、以下のようなイメージです。

モデルの評価＝（推定精度を表す関数）ー（特徴量の数を使った何かしらの罰則関数）

　特徴量の数に対してどのように罰則を付けるかは、情報量規準によって違いますが、どれも変数が多ければ多いほどモデルの評価を下げる式になっています。これにより、あまりにも多くの特徴量を用いて作った複雑なモデルは評価が低くなり、過学習を回避することができるのです。ただ、通常機械学習モデルを構築する際は、学習データとテストデータに分けてモデル構築をして評価をすることが一般的であり、それだけ覚えておけば、この情報量規準の登場機会はそれほどありません。色々な機械学習手法を覚えて使えるようになったとしても、過学習をしっかり理解しないで使ってしまうと、思わぬ落とし穴にはまってしまいますので注意しましょう。

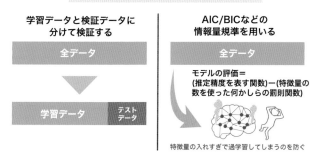

**過学習を防ぐ方法**

| 学習データと検証データに<br>分けて検証する | AIC/BICなどの<br>情報量規準を用いる |
|---|---|
| 全データ | 全データ |

モデルの評価＝
(推定精度を表す関数)ー(特徴量の
数を使った何かしらの罰則関数)

| 学習データ | テスト<br>データ |
|---|---|

特徴量の入れすぎで過学習してしまうのを防ぐ

# バリデーションの方法

バリデーションについて正しく理解すれば、適切なモデル構築ができるようになる。

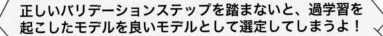

正しいバリデーションステップを踏まないと、過学習を
起こしたモデルを良いモデルとして選定してしまうよ！

**過学習が起こり正しく評価できない**

| 全データ |
|---|

全データ
で学習

全データ
で評価

**機械学習モデル**

{ 決定木
ランダムフォレスト
・・・

**学習データとテストデータに分けて評価**

| 学習データ | テスト データ |
|---|---|

データを
分割して
学習データ
で学習

テストデータで評価

**機械学習モデル**

{ 決定木
ランダムフォレスト
・・・

バリデーション
の種類

・ホールドアウト法
・交差検証法

## 過学習を防ぐためのバリデーションの種類

　適切なモデルを作成して過学習を防ぐためには、バリデーションのステップが重要になります。そして、バリデーションの中にはいくつかの種類がありますので、それぞれについて簡単に解説していきます。

・ホールドアウト法
　ホールドアウト法は、学習データとテストデータを適当な比率で分けて学習データを用いてモデルを構築し、テストデータに当てはめる方法です。
　学習データとテストデータの分割比率に関して明確な基準は存在しませんが、テストデータを2〜3割にすることが多いです。手元にある全てのデータを学習データにしてしまうと、そのデータだけにフィッティングし過学習が起こり、将来のデータを上手く予測できなくなるのですが、そ

れを擬似的にテストデータを作成することで防いでいます。

　非常にシンプルですが、よく使われるバリデーションアプローチです。

・交差検証法（クロスバリデーション法）

　交差検証法では、データを複数の
データセットに分けて、1つのデー
タセットをテストデータ、他のデー
タを学習データにしてモデルの構
築を行います。複数に分かれたデー
タセットを一つ一つ順番にテスト
データにしてモデル構築し、最終的
に平均値を取り精度を算出するの
が交差検証法になります。

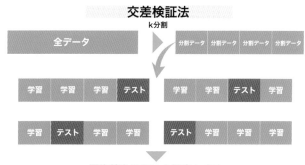

　ホールドアウト法だと、たまたま分割の仕方が良くて精度が高くなってしまう場合があります。
よって、より正確に精度の高いモデルを選択するために交差検証法を用いて精度を算出します。

　ちなみに、ここでは全体のデータを学習データとテストデータの2つに分けると解説していま
すが、場合によっては学習データと検証データとテストデータの3つに分けることもあります。そ
の場合、検証データはパラメータチューニングに使われます。パラメータチューニングとは、機
械学習手法が持っている多くのパラメータをデータに最適な形にチューニングして精度を上げる
アプローチです。

## 時系列データにおける学習データとテストデータ分割の注意点

　通常のテーブルデータであれば、ランダムに学習データとテストデータを分けても問題
ないのですが、データによっては注意が必要です。特に時系列データでは、ランダムにデー
タを分割してしまうと、未来のデータでモデルを構築して過去のデータを予測するような
現実では起こり得ないことが起きてしまいます。それにより、適切なモデルではないのに
精度が高く出てしまう可能性があるのです。

# 04 パラメータチューニング

パラメータチューニングを理解すれば、モデルの精度を極限まで高められるようになる。

パラメータチューニングのステップを理解すれば、
精度を極限まで高められるようになるよ！

## 機械学習手法には
## 複数のハイパーパラメータが存在する

出力結果を決定づける機械学習
アルゴリズム内の可変する値

決定木

criterion：分類基準
max_depth：木の最大深さ
max_leaf_nodes：葉の最大数
：

高い精度を出力する
パラメータを見つける

最適なパラメータの見つけ方

・グリッドサーチ
・ランダムサーチ
・ベイズ最適化

## パラメータチューニングって何？

　機械学習モデル構築において精度を上げる方法は多くありますが、その中でも最後の手段として利用されるのがパラメータチューニング。Kaggle などのデータ分析コンペでは最後の最後まで微小な精度改善が求められるため、パラメータチューニングは必須のスキルです。そのチューニングする対象を、ハイパーパラメータと言います。ハイパーパラメータとは簡潔に言うと、「出力結果を決定付ける機械学習アルゴリズム内の可変する値」です。

　例えば、0~1 の連続値で出力される結果を 0 か 1 に振り分けたいとして、この時に [0.1,0.4,0.6,0.8,0.9] という結果が得られたとします。この時、振り分けるしきい値を 0.5 に設定すれば、それぞれの出力結果は [0,0,1,1,1] となります。しかし、しきい値を 0.7 に設定すれば [0,0,0,1,1] になります。このしきい値は可変する値であり、それによって出力結果が変わるため、ある種のハイパーパラメータと考えることができます。

168

このような可変値が機械学習の各手法のアルゴリズムの内部には複数存在し、それらをハイパーパラメータと呼びます。

先ほどの例で、正解データは [0,0,0,1,1] だったとします。その場合、しきい値パラメータを 0.5 に設定した場合は [0,0,1,1,1] となり、正答率が 80%になります。しかし、しきい値パラメータを 0.7 に設定した場合は [0,0,0,1,1] となるので、正答率は 100%

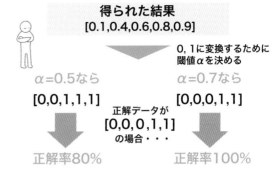

**得られた結果**
[0.1,0.4,0.6,0.8,0.9]

0, 1に変換するために閾値αを決める

α=0.5なら
[0,0,1,1,1]

α=0.7なら
[0,0,0,1,1]

正解データが
[0,0,0,1,1]
の場合・・・

正解率80%

正解率100%

となります。このように、パラメータを調整することで精度を向上させることができるのです。

このようにパラメータを調整して精度の最適化をはかっていくことを、パラメータチューニングと呼びます。ただ、機械学習手法のハイパーパラメータは、こんなに単純ではありません。複数のハイパーパラメータが複合的に組み合わさっています。

## パラメータチューニングの種類

複数のハイパーパラメータの中から最適な組み合わせを見つけるには、どうしたら良いのか？例えば、グリッドサーチというアプローチがあります。グリッドサーチでは、最適化をはかりたいハイパーパラメータの組み合わせをセットして調べていきます。無難な手法ですが、ハイパーパラメータの多い手法に対しては組み合わせ数が膨大になってしまい、現実的ではありません。またグリッドとして調べる範囲は自分で設定しないといけなく、網羅的に調べることができるわけではありません。

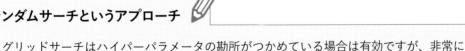

### ランダムサーチというアプローチ

グリッドサーチはハイパーパラメータの勘所がつかめている場合は有効ですが、非常に膨大なパラメータの組み合わせを人が設定しなくてはいけないため時間がかかります。そこで有効なのが、このランダムサーチです。ランダムサーチでは、ハイパーパラメータの組み合わせをランダムに探索的に抽出し、指定した回数分繰り返して最適な組み合わせを探ります。

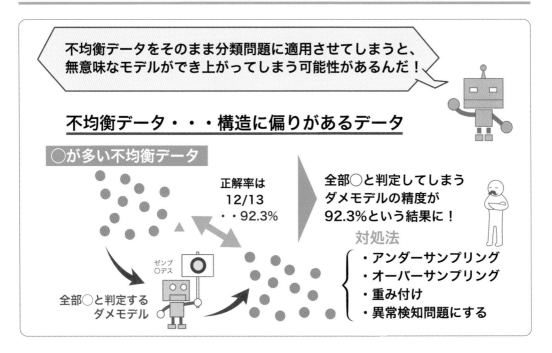

# 05 | 不均衡問題

データの不均衡状態に気づくことができれば、正しいデータ分析ができるようになる。

---

> 不均衡データをそのまま分類問題に適用させてしまうと、無意味なモデルができ上がってしまう可能性があるんだ！

## 不均衡データ・・・構造に偏りがあるデータ

### ◯が多い不均衡データ

正解率は
12/13
・・92.3%

全部◯と判定してしまう
ダメモデルの精度が
92.3%という結果に！

全部◯と判定する
ダメモデル

ゼンブ
◯デス

### 対処法

- ・アンダーサンプリング
- ・オーバーサンプリング
- ・重み付け
- ・異常検知問題にする

---

 ## 不均衡データを解消する4つの方法

　不均衡データとは「データ構造に偏りがあるデータ群」のことを指します。ここでは、いくつかの「不均衡データを解消する方法」を見ていきたいと思います。

・アンダーサンプリング

　最も定番なのがアンダーサンプリングで、「少数派のデータ群に合わせて多数派のデータ群を削除する」という方法です。しかし、少数派のデータがあまりに少なすぎる場合はサンプルサイズが大幅に小さくなり、モデル構築時の精度が悪くなる可能性があります。よって、不均衡状態を確認してアンダーサンプリングを実施するか検討する必要があります。

・オーバーサンプリング

　オーバーサンプリングはアンダーサンプリングとは違い、逆に「少数派のデータを多数派に合

170

わせて増やす」という方法です。

・重み付け

　少数派のサンプルに対して、重みを付けて重要視するという方法です。少数派の重みを高めて少数派カテゴリも上手く分類できるようにしようというのが、不均衡データに対する重み付けアプローチになります。

・異常検知問題として扱う

　あまりにもデータに偏りがある場合は、そもそも問題の定義を分類問題ではなく異常検知問題として扱ってしまうという方法もあります。

　例えば、クレジットカードの不正利用データなどは、異常検知問題としても良いでしょう。異常検知問題では、正常データを基に正常空間を作り、定めた閾値を超えるデータに関しては異常値と見なします。

　世の中のデータには、サンプルに偏りがある不均衡データがたくさん存在します。ほとんどのデータが何らかの不均衡状態に陥っていると言っても過言ではありません。それらの不均衡データをそのままデータ分析に用いてしまうと、不合理を招いてしまうことになります。だからぜひ、不均衡データについて

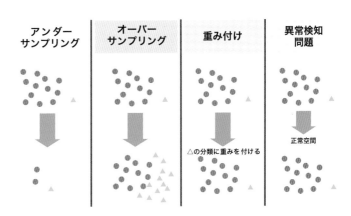

しっかり理解して適切なデータ分析を行い、ビジネスに価値を生んでいきましょう。

## 不均衡データに対して使われる評価指標

　モデル構築の際には様々な評価指標が使われますが、正解率という指標だけを用いて評価してしまうと、不適切なモデルを良いモデルとして選択してしまいます。それを防ぐために、再現率・適合率・F値といった指標を総合的に見て良いモデルを判断するのです。分析課題によって指標の軸が変わるので、複数指標で総合的に判断する必要があります。

## 06 モデル評価

適切にモデル評価ができるようになれば、不適切なモデル選定を減らすことができる。

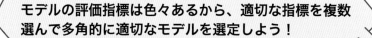

モデルの評価指標は色々あるから、適切な指標を複数選んで多角的に適切なモデルを選定しよう！

**評価結果が悪いとビジネス理解の工程に戻ってしまう！**

複数の評価指標

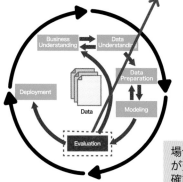

| 回帰タスク | 分類タスク |
|---|---|
| MAE | 正解率 |
| MSE | 適合率 |
| RMSE | 再現率 |
| 寄与率（決定係数） | F-measure |

場合によっては、外れ値が混入していると大きく評価指標が変わるので、データ準備のフェーズでしっかり外れ値を確認しておくべき

出所：「The CRISP-DM User Guide」を元に作成

### 評価指標にはどんな種類がある？

　評価のフェーズでは構築したモデルを評価していきます。どんな評価指標があるのかを、ここで深堀りしておきましょう。

　まずは評価指標の種類です。評価指標には様々な指標があります。量的データを目的変数とする回帰タスクであれば、MAE、MSE、RMSE、寄与率（決定係数）などを用いることが一般的です。質的データを目的変数とする分類タスクであれば、正解率、適合率、再現率、F 値などを用います。

　実務の場では、これらの中から最適な評価指標を選ぶ必要があります。また単一の評価指標ではなく、複数の評価指標で見ることで、多角的な観点で最適なモデル選定が可能になります。

## 機械学習の評価ステップ

続いて、機械学習モデルを評価して、本番実装までつなげていくステップについてです。大きく分けて、評価においては2つのステップがあります。

・机上検証における評価

まずは、既に持っている手元のデータから机上検証を行います。P166で解説したバリデーションのステップを通して、手元のデータを学習データとテストデータに分割し、どのくらいの精度が出力できるかを検証します。例えば、需要予測のタスクにおいて、現在が2022年11月だとして、2017年以降のデータがあるのであれば2017年1月から2021年12月のデータを利用してモデルを構築し、そのモデルによって2022年1月〜10月の売上を予測してみるのが机上検証になります。

・テスト期間を設けての段階的な検証

机上検証を行って良い精度が出力できたとしても、いきなり本番環境に適用するのは時期尚早です。作成したモデルを用いた予測を限定的な範囲に適用させて、しばらく実験的に様子を見るべきでしょう。例えば、先ほどの売上予測のケースであれば、売上予測をもとに生産や在庫補充を調整する必要が出てきます。いきなり全範囲に適用させるのではなく、一部の地域や店舗で適用させて、本当に望むパフォーマンスが出るかを確認しましょう。仮に顧客へのパーソナライゼーションであれば、適用させる顧客を一部に絞って実験的に実施します。

ちなみに、机上検証上は学習データとテストデータに分けて検証を行っていましたが、できるだけモデル構築の際の学習データは多い方が良いので、この段階で全ての過去データを学習データとして新たにモデル構築をしなおす場合もあります。このテスト期間を経て問題なさそうであれば、運用に乗せて実装という方向に進んでいきます。

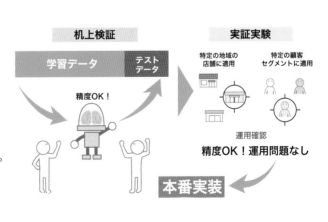

# MAE、MSE、RMSE、寄与率（決定係数）

回帰タスクで使用される評価指標の違いを理解すれば、適切なモデル選定ができるようになる。

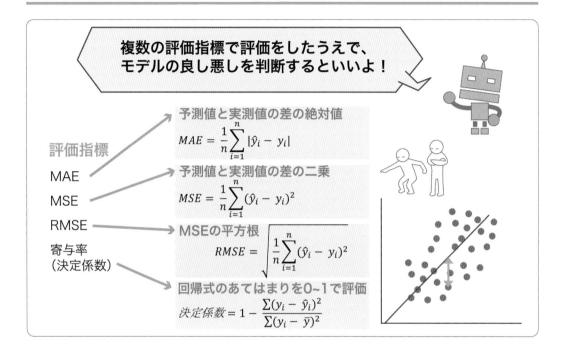

複数の評価指標で評価をしたうえで、
モデルの良し悪しを判断するといいよ！

評価指標

MAE → 予測値と実測値の差の絶対値
$$MAE = \frac{1}{n}\sum_{i=1}^{n}|\hat{y}_i - y_i|$$

MSE → 予測値と実測値の差の二乗
$$MSE = \frac{1}{n}\sum_{i=1}^{n}(\hat{y}_i - y_i)^2$$

RMSE → MSEの平方根
$$RMSE = \sqrt{\frac{1}{n}\sum_{i=1}^{n}(\hat{y}_i - y_i)^2}$$

寄与率
（決定係数） → 回帰式のあてはまりを0~1で評価
$$決定係数 = 1 - \frac{\sum(y_i - \hat{y}_i)^2}{\sum(y_i - \bar{y})^2}$$

## 回帰タスクにおける主要評価指標

機械学習プロジェクトでは主に回帰タスクと分類タスクがありますが、まずは回帰タスクの評価指標についてです。回帰タスクとは、売上などの量的変数を予測するタスクのことです。

### ・MAE

絶対平均誤差（Mean Absolute Error）の略で、MAE と呼ばれます。予測値 $\hat{y}_i$ と実測値 $y_i$ の絶対値の誤差総和の平均が MAE になり、このような式で表されます。

$$\mathrm{MAE} = \frac{1}{n}\sum_{i=1}^{n}|\hat{y}_i - y_i|$$

絶対値を取ることで、予測値が実測値と比較してマイナス・プラス方向に大きくずれていても、それらを総合的に加味して予測値と実測値の差異の総和が分かるようになっています。

・MSE

　平均二乗誤差（Mean Square Error）の略で、MSE と呼ばれます。先ほどの MAE は平均絶対誤差でしたが、MSE は平均二乗誤差なので、誤差を二乗したものを平均したものが MSE になります。

$$\text{MSE} = \frac{1}{n}\sum_{i=1}^{n}(\hat{y}_i - y_i)^2$$

・RMSE

　二乗平均平方根誤差（Root Mean Square Error）の略で、RMSE と呼ばれます。MSE の平方根を取ったものが RMSE になります。

$$\text{RMSE} = \sqrt{\frac{1}{n}\sum_{i=1}^{n}(\hat{y}_i - y_i)^2}$$

・寄与率（決定係数）

$$決定係数 = 1 - \frac{\sum(y_i - \hat{y}_i)^2}{\sum(y_i - \bar{y})^2}$$

　各サンプルの平均値との差の二乗を合計したものを分母として、回帰式から得られた推定値との差の二乗を合計したものを分子として、それを 1 から引いたものです。0~1 の値を取り、1 に近ければ近いほど回帰式の当てはまりが良いということになります。これは図のように、平均を引くだけのシンプルなモデルと比較して、どのくらい回帰式の当てはまりが良くなっているかを示す指標だと考えることができます。

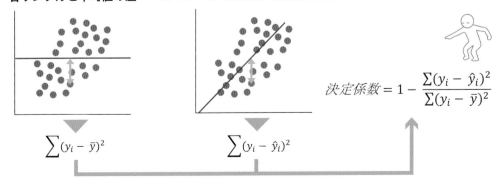

**各サンプルと平均値の差**　　**各サンプルと回帰式の推定値の差**

$$\sum(y_i - \bar{y})^2 \qquad \sum(y_i - \hat{y}_i)^2 \qquad 決定係数 = 1 - \frac{\sum(y_i - \hat{y}_i)^2}{\sum(y_i - \bar{y})^2}$$

第五部　重要用語編　モデル構築から現場への導入　良いモデルを構築し、継続的にビジネス価値を生み出すためのキーワード

# 適合率、再現率、正解率、F値

分類タスクで使用される評価指標の違いを理解すれば、適切なモデル選定ができるようになる。

分類タスクは、ビジネス課題に合わせてどの評価指標を重視するかが変わってくるから要注意だよ!

評価指標

| | | 予測されたクラス | |
|---|---|---|---|
| | | 異常 | 正常 |
| 実際のクラス | 異常 | a | b |
| | 正常 | c | d |

**正解率**
(Accuracy)
$$Accuracy = \frac{a+d}{a+b+c+d}$$

➤ 正解率だけ確認しても、正しいモデル選択ができない場合がある

**適合率**
(Precision)
$$Precision = \frac{a}{a+c}$$

**再現率**
(Recall)
$$Recall = \frac{a}{a+b}$$

➤ 適合率と再現率はトレードオフなので、バランスを見ながらビジネス課題によって調整する

**F値**
(F-measure)
$$F-measure = \frac{2}{\frac{1}{Precison} + \frac{1}{Recall}}$$

➤ F値とは、適合率と再現率の調和平均を取った指標のこと

総合的に様々な指標を多角的に見て判断すべき!

## 分類タスクにおける主要評価指標

　回帰タスクと違い、分類タスクは「購入するか購入しないか」や「不正か不正でないか」などの質的変数を予測するタスクのことを指します。例えば、クレジットカードの不正利用を判別したい場合、以下のようなマトリックスで表されます。

| | | 予測されたクラス | |
|---|---|---|---|
| | | 異常 | 正常 |
| 実際のクラス | 異常 | a | b |
| | 正常 | c | d |

・正解率（Accuracy）

　正解率（Accuracy）は、次のように表します。

$$\text{Accuracy} = \frac{a+d}{a+b+c+d}$$

　シンプルに全てのサンプルの中で実測値と予測値が一致した割合です。例えば、実際の数値が次の表のようになったとしましょう。

| | | 予測されたクラス | |
|---|---|---|---|
| | | 異常 | 正常 |
| 実際のクラス | 異常 | 100 | 20 |
| | 正常 | 80 | 800 |

　このような例だと、正解率は 900/1000=90% となります。ただ、これだと不均衡データに対して正しい評価はできません。そこで登場するのが、適合率や再現率です。

・適合率（precision）

　適合率（precision）は次のような式で求めます。異常と予測されたクラスのうち、実際に異常だったクラスの割合が適合率になります。この場合、100/180= 約 56% になります。

$$\text{precision} = \frac{a}{a+c}$$

・再現率（recall）

　続いて、再現率（recall）です。再現率は以下のように求めます。

$$\text{recall} = \frac{a}{a+b}$$

　実際に異常だったクラスのうち、どのくらい異常と予測されたかです。こちらは、100/120= 約 83% となりました。

　再現率と適合率のどちらを重視するかは、課題設定によって変わります。例えば、病気に罹患しているか否かの判定は、なるべく病気にかかっている事実を見逃さないために、適合率がある程度低くても再現率が高い方が望ましいです。

・F 値（F-measure）

　適合率と再現率はトレードオフになり、再現率と適合率のどちらが高い方が良いのかは、ビジネス・ケースによって変わります。そんな 2 つを組み合わせて作られた指標が、F 値というものです。F 値は、適合率と再現率の調和平均を取ります。計算すると 67% になります。

$$\text{F-measure} = \frac{2}{\dfrac{1}{\text{Precison}} + \dfrac{1}{\text{Recall}}}$$

第五部　重要用語編　モデル構築から現場への導入　良いモデルを構築し、継続的にビジネス価値を生み出すためのキーワード

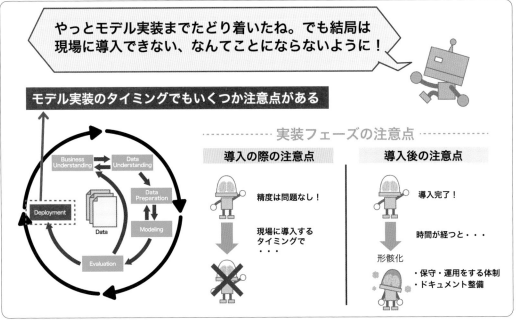

やっとモデル実装までたどり着いたね。でも結局は現場に導入できない、なんてことにならないように!

モデル実装のタイミングでもいくつか注意点がある

実装フェーズの注意点

導入の際の注意点

精度は問題なし!

現場に導入するタイミングで・・・

導入後の注意点

導入完了!

時間が経つと・・・

形骸化

・保守・運用をする体制
・ドキュメント整備

出所:「The CRISP-DM User Guide」を元に作成

## 実装フェーズにおける注意点

　データ分析・機械学習モデル導入の最後のフェーズである「Deployment（実装）」ですが、そこにはいくつかの注意点があります。

・導入の際の注意点

　様々なビジネス・ケースがあるので一概に言えることではありませんが、機械学習モデルを構築して上手くいきそうに見えても、蓋を開けてみると実際の業務にはまらず無用の長物になってしまうこともあります。また、現場からの反発がこのタイミングで発生する可能性もあります。例えば、顧客に対して購入しそうな商品のターゲティングをしてメールマーケティングを行う場合、機械学習を使えば精度は上がり全体の効果は高くなるかもしれないのですが、新商品やこれから認知を獲得していきたい成長フェーズの商品は全く顧客に当たらなくなってしまうかもしれませ

ん。そもそも、短期的に機械学習で最適化を行うことが、長期的な最適にはなっていない可能性
があるかもしれません。

　ここは本当に難しいところですが、短期的な売りを作るメールマーケティングと長期的な視点
でのメールマーケティングの役割を分けて、短期的なメールマーケティングにのみ機械学習を実
装すれば現場は納得してくれるかもしれません。このように、いくら機械学習で精度の高いモデ
ルが作れても、現場に実装・導入するには思わぬ障壁があるということを頭に入れておいてくだ
さい。

・導入後の注意点

　なんとか上手く機械学習モデルを現場に導入できたとしても、それで終わりではありません。
モデルの保守・運用の体制を整えておかないと、モデルはどんどんと形骸化していってしまいま
す。例えば、日々更新されるデータがどの程度貯まったら新たな学習データを基にモデルを再構
築するのか？ 特定のタイミングで特徴量まで含めた抜本的なモデル見直しをする必要はあるの
か？ 保守・運用をする体制や、誰でも後から見直せるドキュメント作成は必ずしておきましょう。

そうしないと、形骸化したモデ
ルが残り続けることになります。
だからこそ、「誰も使っていない
のに無意味な予測スコアをアウ
トプットし続けるモデルがあり、
誰もメンテナンスしていない」
というような事態は避けるべき
なのです。

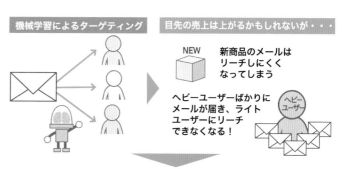

現場に納得してもらうには、機械学習を適用するメールと
そうでないメールを棲み分けるなどの工夫が必要！

**実際にビジネスに導入して成果をあげるハードルの高さ**

　ここまで様々な工程を見てきた通り、機械学習モデルを実際にデプロイするためには多
くのハードルがあります。このハードルをくぐり抜け、真に意味のあるモデルを作成し、ビ
ジネスにインパクトを与えられた時の達成感は計り知れません。

# 第五部 実践スキル編

機械学習モデルを
現場に導入して、
ビジネスにおける
インパクトを出せるようになる!

ここでは「第四部実践編で見てきたプロ
ジェクト」の続きを体感していただきた
いと思います。とうとう、モデル構築の
プロセスです。ただ、実際の現場では１
回目のモデル構築で上手くいくことは稀
であり、精度を上げるためには何回も
データ加工とモデル構築、モデル評価の
サイクルを回すことになります。モデル
構築にあたって、どんな課題が生じるの
か？どんなアプローチをとるのか？等に
ついて、実際に見ていきましょう。

## KeyWord

▶モデル構築

▶過学習

▶バリデーション

▶パラメータチューニング

▶モデル評価

▶ MAE

▶決定係数

▶モデル実装

# モデル構築の
# プロセス

**KeyWord** モデル構築、過学習、バリデーション、パラメータチューニング

　第四部では、実際の機械学習導入プロセスに沿ってビジネス課題の特定から探索的データ分析、そして前処理や特徴量エンジニアリングを通したモデル構築の準備をしてきました。そして、ここからがモデル構築の本番です

　特徴量の生成をある程度終えた美咲と海斗は、モデル構築のフェーズに入ることにしました。

まだまだ特徴量を追加する余地はあるかもしれないけど、一旦モデル構築のフェーズに入ってみようよ。

そうだね。初期モデルを生成してどうなるか検証してみよう！

　海斗は、今まで生成してきた特徴量をもとにモデルを構築することにしました。

　今回は図 1 のように、機械学習手法として勾配ブースティング木の 1 手法である LightGBM を利用することにします。

　LightGBM は非常に強力ながら比較的簡単に実行でき軽量なので、解釈容易性よりも予測精度が重要な課題に対しては、初期分析からとりあえず使われることが多いです。

　ここで改めて、モデル構築をする上でテーブルの構造がどのようになるか確認しておきましょう。今回の課題は需要予測です。そして現場のオペレーションと照らし合わせると、日曜日までのデータを元に、水曜日から翌火曜日までの 1 週間の販売個数の予測を立てるのでした。この時、オペレーション上は 1 週間の販売個数の予測が必要ですが、モデル構築の際に目的変数を週別にするか日別にするかは議論の余地があります。日別に予測をした上で、それを最終的に週別にまとめて最終的な予測値としても問題ありません。

第五部　実践スキル編　機械学習モデルを現場に導入して、ビジネスにおけるインパクトを出せるようになる！

図1　機械学習手法の選定

## 機械学習の選定

**色んな機械学習手法があるが・・・**

- 線形回帰分析
- 決定木
- LightGBM
  - ・
  - ・
  - ・

**予測精度を求める課題設定なら**

**最初から強力で軽量LightGBMを使うことが多い！**

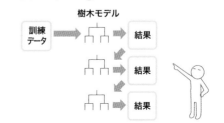

**解釈容易性を求める課題設定なら**

**線形回帰分析・決定木あたりが有効**

　今回は日別予測をした上で、最終的に予測を週別にまとめるアプローチで取り組むことにしました。よって、テーブル構造のイメージは図2のようになります。

図2　モデル構築に使うテーブル構造

| 目的変数 | 説明変数 | | | | |
|---|---|---|---|---|---|
| 翌日の販売個数 | 当日の販売個数 | 1日前の販売個数 | ・・・ | 曜日 | キャンペーンフラグ |
|  |  |  |  |  |  |
|  |  |  |  |  |  |
|  |  |  |  |  |  |

n日までのデータで
n+1日を予測　→　n+1日までのデータで
n+2日を予測　→　n+2日までのデータで
n+3日を予測　→　・・・

　この際、少し面倒なのですが、予測の対象である目的変数はあくまでも翌日の販売個数にして、それをもとに再帰的に予測していって、1週間分の予測値を算出する必要があります。

　具体的には、日曜日までのデータをもとに月曜日の販売個数を予測、月曜日の予測値を実測値と仮定した上で、月曜日までのデータをもとに火曜日までの販売個数を予測・・・というように、順番に予測値を算出していきます。

さて、テーブル構造が理解できたところで早速、モデル構築に移っていきましょう。第五部重要用語編で学んだ通り、強力な機械学習手法を使ったとしても、モデル構築に重要なポイントをおさえておかないと意味がありません。全てのデータを使ってモデル構築をすると過学習の恐れがあるので、まずは図3のように、手元のデータセットを学習データとテストデータに分けます。さらに、残った学習データを学習データと検証データに分けます。そして、学習データと検証データを使ってパラメータチューニングを行い、最適なハイパーパラメータを決定し、その後にテストデータで精度を検証していきます。

図3　モデル構築のステップ

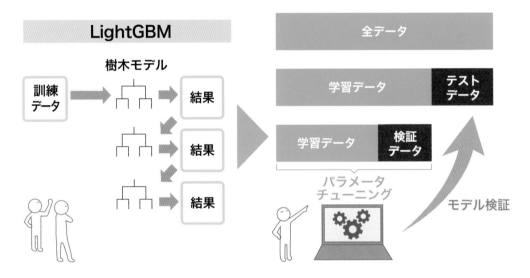

　今回のケースでは時系列要素を持つデータを扱うので、データを分割する際に十分に注意しないといけません。データをそのままランダムで学習データとテストデータに分けてしまうと、未来の知り得ないデータを学習に使って過去のデータで精度を検証するという状態になります。このような未来の答えを知っている状況は現実には起こり得ないので、モデルの正しい評価ができません。
　このような状態を、データサイエンスの世界では「リーケージ」と呼び、「リーケージ」が起きていることを「リーク」していると言います。リーケージに気をつけないと、適切ではないモデルを作ってしまうことになるので注意しましょう。

　ちなみに、時系列データにおける分割タイミング以外にもリーケージが起こりうるので、十分に注意が必要です。例えば、今回のケースで説明変数に翌日の売上を入れると、どうなるでしょうか？

　おそらく、販売個数と売上には強い相関が存在するため、翌日の売上を説明変数に入れるだけで、翌日の販売個数を精度高く予測することができるようになるはずです。しかし、当たり前ですが翌日の売上が前日に分かるわけがなく、未来の知り得ないデータを説明変数に入れたモデルを構築してしまっていることになります。この状態で精度が良くなったとしても、翌日の売上は本番では使えないので、翌日の売上を説明変数として投入した上でのモデル構築・モデル評価には何の意味もないことが分かります。

図4　リーケージに注意

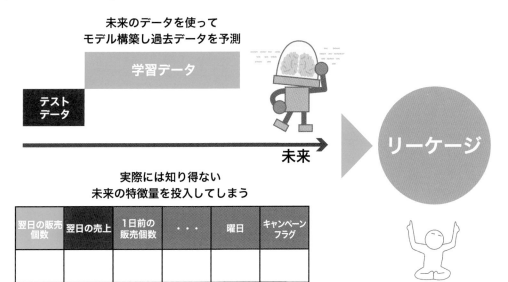

# モデル評価のフェーズを
# 理解する

**KeyWord** ▶ モデル評価、MAE、決定係数

海斗は適切なプロセスでモデル構築をして、結果を出力しました。いよいよ、ここからモデル評価のフェーズに入ります。

 モデル構築は無事に終わったようね。結果はどうなった？

 複数の評価指標で多角的に見てみたよ。まずまずの結果だけど、まだまだ改善の余地がありそうかなー。

モデル評価のフェーズでは、複数の観点で結果を見てみることが大事です。

結果を見てみると MAE は 1.5 であり、決定係数は 0.8 となりました。決定係数は 1 に近ければ近いほど良くなり、絶対的な指標としてモデルの良し悪しを判断するのに使うことが可能です。どのくらいであれば良いモデルと言えるのかというような絶対的な基準はないのですが、ひとまず 0.8 は超えたいところです。逆に、この決定係数が 1.0 に近い場合は過学習を起こしている恐れがあるので、決定係数が高すぎる状態にも注意してください。

続いて、MAE の評価はいかがでしょうか？

MAE が 1.5 ということは、目的変数である 1 日あたりの販売個数に対して、予測値は平均して 1.5 個ほどズレてしまっているということです。しかし、この値はもともとの販売個数の数字のオーダーに大きく左右されるので、良いのか悪いのか分かりません。1 日の販売個数の平均値が 1000 個ほどなのであれば、1.5 は非常に小さいと考えることができますし、1 日の販売個数の平均値が 2 個ほどなのであれば、1.5 は大きいと考えることができます。MAE や MSE や RMSE は、小さければ小さいほど良いというのは間違いないのですが、絶対的な指標ではなく、数値のオーダーによって左右されるので評価に注意が必要です。

　実際は、１つだけモデルを作成してそのまま現場に実装していくようなケースはほぼなく、改善を重ねてモデルをブラッシュアップしていくので、まずはシンプルな単一モデルで MAE を算出した後に、それを基準にブラッシュアップしたモデルの MAE がどれだけ小さくなったかを比較することが一般的です。

なるほど、もう少し状況を深堀りした方が良いかもね。

そうしたら、各サンプルでどんな予測値と実測値の差が生まれているのか、分布で見てみようよ。

　ここまでは決定係数や MAE といった評価指標でモデルの精度を確認してきましたが、評価指標だけではなく、サンプルごとに実測値と予測値の差を見てみることで、どのような状況で予測を外してしまっているか、どのような特徴を持つデータに対して予測が上手くいっていないかを確認することが非常に大事です。データサイエンスプロジェクトを推進する際には、常に分布を確認して仮説を立てるクセをつけておきましょう。

**図5　予測値と実測値をプロットしたグラフ**

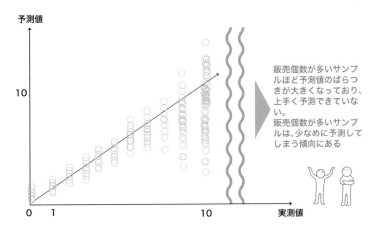

では、実際にどのような分布になっているのか、予測値を縦軸に実測値を横軸に取ったグラフを見てみます。結果は図5のようになりました。

　横軸は実測値で必ず整数値となるため、グラフ上は離散してプロットされています。一方で予測値は少数になるため、図5のようなプロットになります。ちなみに、図では 10 より大きい実測値のデータはカットしています。

この図を見ると、販売個数の実測値の大小によって予測値のばらつきが大きく変わることが分かります。販売個数の実測値が多ければ多いほど予測値のばらつきが大きくなり、上手く予測できていません。どうやら、販売個数の実測値が多いサンプルは少なめに予測してしまう傾向にあるようです。

図5のグラフを見ると、一見販売個数の多いデータが多くプロットされているように見えますが、サンプル自体が重なってプロットされているため、これだけ見ても販売個数が多いデータが多いかどうかは分かりません。そこで、販売個数がどのように分布しているのか、販売個数を横軸に、データ数を縦軸にとって棒グラフで眺めてみましょう。

図6　販売個数のカウントを取った棒グラフ

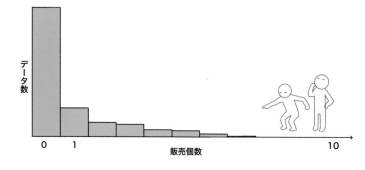

棒グラフで並べると、販売個数が少ない方が
圧倒的にデータ数が多いことが分かる！

結果は図6のようになり、販売個数が少ない方が圧倒的にデータ数が多いことが分かりました。

このような状態では、販売個数が0の場合に引っ張られて、販売個数の実測値が多い場合を低めに予測してしまう傾向になることもうなずけます。

ちょっと0の数が多すぎる気もするんだよな。

確かにそうだよね。もう少し深堀りしてみてようか。

2人は、販売個数が0であるデータに対して深堀り調査をしてみることにしました。今回のケースは何か問題が起きているとは断定できませんが、少しでも可能性があるのであれば、様々な観点で確認して問題を潰していく必要があります。

図7　0レコードの割合を時系列でプロットしたグラフ

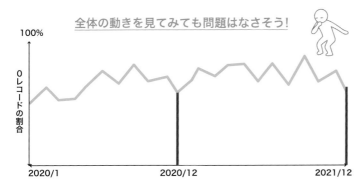

この場合、「データ生成時点で、何かしらの問題で販売個数が計上されず0になってしまっている」、「データ加工のタイミングで、本来0で埋めるべきではない箇所を0埋めしてしまっている」などの原因が考えられます。

まず、特定の期間で「計測不備によって0レコードが過剰に増えている」という可能性を疑い、全データに対して販売個数の0レコード率を時系列で並べてみました。結果は図7のとおりです。

一定のばらつきはあるものの、計測不備によって0レコードが生まれてしまっている月はなさそうでした。週別や日別に見ても同じです。

図8　1つの商品をピックアップして確認した販売個数推移

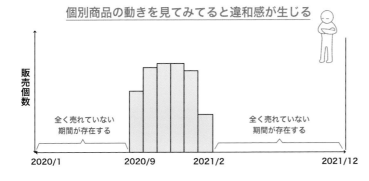

続いて、1つの商品の販売個数推移を見てみると、図8のようになりました。

これを見ると、2020年1月から2020年9月までは全て販売個数が0になっており、2021年2月から2021年12月までも全て販売個数が0になっています。

さて、ここで海斗は重大なミスに気付きました

あ！重大なミスに気付いたよ。商品の販売期間を考慮してなくて、販売されていない時期も含めて集計してしまってた・・・。

第五部　実践スキル編　機械学習モデルを現場に導入して、ビジネスにおけるインパクトを出せるようになる！

え？どういうこと？

販売されていない時期は販売個数は 0 に決まっているのに、そういう期間も販売個数 0 としてレコードを保持してしまってて・・・本来なら、販売時期のみで集計するべきだよね。

あ、なるほど。それで 0 が過剰になっていたのね。早めに気付いて良かったじゃない。修正しようよ。

　今回の集計では、販売期間ではない期間は販売個数の集計対象に含めるべきではないのですが、全ての商品において該当期間（2020 年 1 月〜2021 年 12 月）に必ず数値が入るように集計してしまっていました。

　そのため、図 9 左のように、販売されていない期間に対しても、あたかも需要がなくて販売個数が 0 であるかのようなデータが生成されてしまっていたのです。

図9　販売期間で商品の販売を絞るべき

**全ての期間で販売個数が入っている**

| 日付 | 商品ID | 販売個数 |
|---|---|---|
| 2021/12/31 | 1XXXXX | 0 |
| 2021/12/30 | 1XXXXX | 0 |
| ・・・ | ・・・ | ・・・ |
| 2020/9/21 | 1XXXXX | 25 |
| ・・・ | ・・・ | ・・・ |
| 2020/1/2 | 1XXXXX | 0 |
| 2020/1/1 | 1XXXXX | 0 |

**販売期間が実は 2020/9/21 〜2021/2/20 だった**

**販売期間だけの集計**

| 日付 | 商品ID | 販売個数 |
|---|---|---|
| 2021/2/20 | 1XXXXX | 20 |
| ・・・ | ・・・ | ・・・ |
| 2020/10/20 | 1XXXXX | 0 |
| ・・・ | ・・・ | ・・・ |
| 2020/9/21 | 1XXXXX | 25 |

販売期間でも販売個数が0のレコードはある

この状態では、正しいモデルが作成できるとは言い難いです。逆に言うと、これを解消すると大きく精度を向上させることができるかもしれません。

販売期間は別のテーブルに存在していたため、そのテーブルと連携して各商品の販売期間で絞ることができました。これにより、不要に存在していた販売個数が0のレコードは減り、MAEと決定係数の値を改善させることに成功しました。

 販売期間は考慮できるようになったけど、たとえ販売期間だったしても在庫がない期間はどうなるんだろう？

 確かに、在庫がない場合はいくら需要があっても売れないから、データ上は需要がなくて売れなかったことになっちゃうね。そうなると、モデルの精度は落ちちゃうかも。その日に在庫がどのくらいあったのかが分かるといいんだけど・・・。

海斗と美咲が気にしていたように、需要予測で気を付けるべきなのは、過去の販売データが全ての需要を反映しているとは限らないということ。先ほどのケースでは、販売期間ではない期間も売れていない期間としてカウントしてしまっていたため齟齬が生じていましたが、販売期間であったとしても在庫が切れていた場合、いくら需要があっても販売個数は0になります。だから、販売データだけ見ても「需要がなくて販売個数が0になっている」と見えてしまうのです。

**図10　在庫データとつきあわせることでより正確に需要を把握できる**

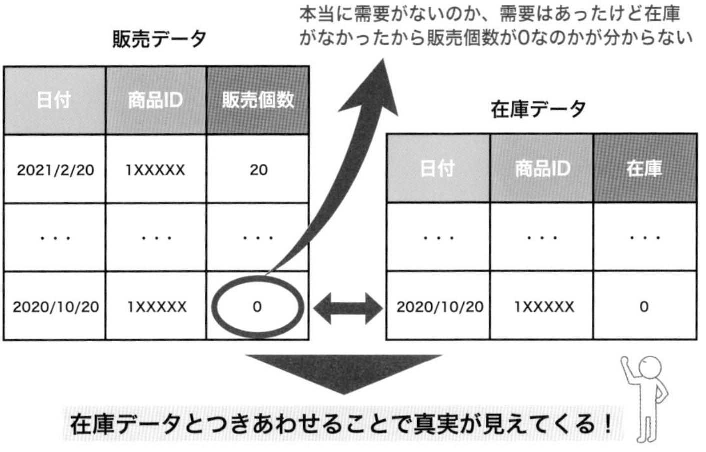

本当に需要がないのか、需要はあったけど在庫がなかったから販売個数が0なのかが分からない

**販売データ**

| 日付 | 商品ID | 販売個数 |
|---|---|---|
| 2021/2/20 | 1XXXXX | 20 |
| ・・・ | ・・・ | ・・・ |
| 2020/10/20 | 1XXXXX | 0 |

**在庫データ**

| 日付 | 商品ID | 在庫 |
|---|---|---|
| ・・・ | ・・・ | ・・・ |
| 2020/10/20 | 1XXXXX | 0 |

**在庫データとつきあわせることで真実が見えてくる！**

なお、在庫データを探したところ存在が確認できたようです。

第五部　実践スキル編　機械学習モデルを現場に導入して、ビジネスにおけるインパクトを出せるようになる！

在庫データが存在することは確認できたんだけど、どんな処理を施せばいいだろう？

 うーん、確かに在庫がなかったことが分かったとしても、真の需要は分からないものね。

　在庫データには、日別の店舗別商品別の開店前の在庫数が存在していました。この在庫テーブルを使うことで、販売個数が 0 だった原因＝はたして本当に需要が 0 だったのか、それとも在庫がないことによって 0 だったのかを判断することが可能です。

　さて、在庫があったのかなかったのかが判別できたとして、「在庫が 0 だったことにより販売個数が 0 だったデータ」はどのように扱えば良いでしょうか？
　真の需要が 1 なのか 10 なのか 100 なのかは分かりません。もしかすると、在庫もなかったけど真の需要も 0 だったかもしれません。この時のアプローチとして利用するのが、P140 で学んだ欠損値処理です。在庫がないことによって販売個数が 0 となっているデータは、欠損データとして扱うのが良いでしょう。P140 で学んだように、欠損データに対する処理には削除してしまうアプローチや平均値を代入するアプローチなどがありますが、今回はその店舗のその商品の直近の値を代入する処理にしました。

　美咲と海斗は「在庫がなかった場合の販売個数データ」に対して適切な処理を施すことで、精度向上に成功しました！

 やった！ 精度向上に成功したぞ！

 手元にあるデータが本当に真実を映しているのか、改めて考えることの重要性が分かったよね。

　一見データがちゃんと入っており、欠損していないように見えても、真実を映し出していない

データの可能性があります。データは注意深く確認するようにしてくださいね。

# 実際に
# 現場のフローに乗せてみる

**KeyWord** モデル評価、モデル実装

その後も 2 人は新しい特徴量を追加することで精度を改善してブラッシュアップし、複数のモデルから精度の高いモデルを選定していきました。机上検証では評価の高いモデルが生成できましたが、このモデルを実際のビジネスシーンにしっかり当てはめることができるかはまだ分かりません。

最初から全体に適用させると何か不具合があった時に被害が大きいので、机上検証で良い精度が確認できていたとしても、まずは範囲を絞って実証実験をするべきです。店舗を絞ったり地域を絞ったり、予測対象の商品やカテゴリを絞るアプローチが考えられます。

今回は配送範囲が同一の特定地域に絞った上で、できるだけカテゴリがばらつくように商品をいくつかピックアップして予測を行うことにしました。

机上検証での精度と、実際のビジネスに乗せて検証するのとでは大きな違いがあります。それは、データ分析サイドではなくビジネスサイドにも納得してもらい動いてもらわないといけないという違いです。

データの前処理やモデル構築や評価はデータサイドだけで完結させることが可能ですが、実装はビジネスサイドの協力なしには難しいです。場合によってはこのタイミングで現場の反発にあったり、そもそも業務フローに合わせるのが難しいと判断されたりすることがあります。そのような手戻りを防ぐためにも、必ず初期のビジネス理解のフェーズで、データサイドとビジネスサイドですり合わせをしておきましょう。

2 人はシステム開発部の協力も得ながら、様々なハードルを乗り越えて実証実験を開始しました。しかし、ここで問題が発生します。実証実験の対象になっていた店舗の店長が突然、本部に乗り込んできたのです。

どうなってるんだ！ 今週は大きめのセールをやるから多めに在庫を欲しいと伝えたら、対応できないと言われたぞ‼ 運用方針は本部が決めたことだから本部に聞いてくれと言われたが、担当者はどこだ？

　どうやら、この店長は古株の社員で、昔からことあるごとに店舗単位でゲリラ的にセールをやったりイベントをやったりしているそうでした。本部は各店舗が独自に勝手なことはしないように統制を取っているのですが、実際にこの店舗の売上は全国トップクラスであることから、本部の意に沿っていない店長の独断の施策にも特に文句を言わず、逆に店長のゲリラ的な施策に対して発注担当者がマニュアルで在庫を調整していたそうなのです。

実は今、機械学習を使った需要予測の検証中でして、人が介した従来のオペレーションを刷新しようとしているんです。そのため大変申し訳ございませんが、人による発注量操作は現在できない状態です。

うちは俺の気分でセールやるんだから、俺の言う通りに在庫をもらえなきゃ困るんだよ。うちの店舗だけ機械学習とやらの対象から外してもらうことはできないの？

　まさかこのような問題が発生すると思っていなかった美咲と海斗は、どうすれば良いのか考えました。そして最終的に、機械学習モデルでアウトプットした後に一部修正を入れることができるフローを追加することにしました。

　本来であれば、全部機械学習で置き換えられるのが理想ですが、いきなり全自動では難しい可能性が高く、最初は機械学習と人間が共存する形で実現することも多いのです。

　ということで、いくつかの課題はありましたが、何とか本番稼働に移ることができました！

図11　機械学習と人間が共存したフロー

**機械学習だけのフロー**

モデル　　　　　　　　　　　　　　　　　　　店舗

特殊な店舗に対応
できない場合がある
ことが発覚

**機械学習と人間が共存したフロー**

モデル　　　　　　　　人　　　　　　　店舗

人が機械学習の
アウトプットを
微修正できる
フローを導入！

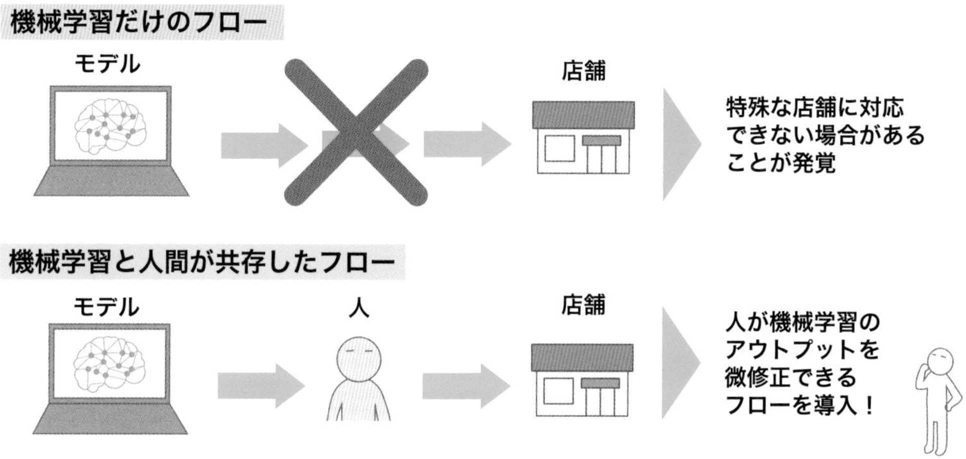

なんとか一安心。これで長かった機械学習プロジェクトも終わりねー。

色んな課題があったけど、何とか実際にビジネスに乗せるところまでたどり着けて良かったよね！

それから1年後。
上手く着地したと思われたプロジェクトでしたが、ある日、サプライチェーンの部署から電話が入りました。

需要予測の件でご相談がありまして、ご連絡しました。1年ほど前に機械学習の本番稼働が始まってしばらくは、断然欠品もなくなり在庫も少なくなり、従来の予測方法と比較してコスト的にも売上的にも良いインパクトがあったのですが、最近になって精度が悪くなってきているような気がしまして・・・。

美咲と海斗は急いでモデルを確認し、直近のデータを元に精度を算出してみました。すると確

かに、1年前に行った机上検証より精度が落ちているのです。それもそのはず、誰も1年前に作ったモデルを整備していなかったのです。

　機械学習モデルは、実装時点での最新の情報を用いて学習するしかありません。そのため、しばらく経って状況が変わると直近の情報を考慮できないモデルになってしまいます。
　つまり実装して終わりではなく、必ずモデルの再学習をするタイミングや基準を設けて、定期的にモデルをメンテナンスする必要があるのです。
　美咲と海斗は、改めて直近のデータで再学習をした上で、モデルが形骸化しないように再学習のタイミングや基準を設けることにしました。

 実装が完了したから安心して、その後のことを忘れてしまっていたよね。今後は気をつけないと！

 機械学習モデルって実装して終わりじゃなくて、その後もちゃんとメンテナンスすることが大事なんだなー。

 ここまで CRISP-DM の流れに沿って、機械学習のモデルを構築して導入までしてきたけど、本当に色々と気をつけることがあるんだね。

 そういうこと！ どうしても機械学習の手法に注目してしまうけど、それ以外がとても重要だということがこのプロジェクトを通してよく分かったよ。これからもデータサイエンスの知識を使って、ビジネスに価値を生み出していこう！

　さて、本書では機械学習導入のフレームワークである CRISP-DM の流れに沿って、美咲と海斗が悪戦苦闘する姿を混じえながら具体的な事例を見てきました。省略している箇所は多いですが、これで全体の流れとおさえておくべきポイントがある程度ご理解いただけたかと思います。
　皆さんもぜひ、ここで学んだことを念頭に置きつつ、機械学習をビジネスに導入していってくださいね！

## CheckPoint

- 実際の運用で本当に使える特徴量なのか、精査する必要がある
- 未来の答えを学習データに投入して過学習を起こしてしまう現象である「リーケージ」に注意する必要がある
- 複数の評価指標で評価する必要がある
- 評価指標を比べるだけでなく分布を確認することで、精度向上のヒントを見つけることができるかもしれない
- 完全に機械学習に切り替えるのではなく、機械学習と人間の共存フローを作って徐々に完全移行を目指すほうが最適な場合がある
- モデル構築はデプロイして終了ではなく、デプロイ後の定常的なメンテナンスが必要

統計的検定を行う際には、最終的に算出した統計量を元に、実際にある事象がどのくらいの確率で起きうる事象なのかという判定をしていきます。例えば、「ある事象 A・B に違いがない」と仮定した上で手元にあるデータをもとに統計量を算出、確率を算出します。その確率が低ければ低いほど、元々仮定していた「事象 A・B に違いがない」というのは間違いなのではないか、すなわち A・B に統計的に見て違いがあると言えることになります。

そして、統計量からどのくらいの確率で起きうる事象なのかを確認する時に利用されるのが各種分布表です。右ページに参考資料として、P024 の「1 標本の場合の t 検定」、および P026 の「カイ二乗検定」で利用される t 分布表とカイ二乗分布表を掲載しました。ご参照ください。

表の読み方について、いくつか補足します。
どちらの表も、表頭には確率が、表側には自由度が記載されており、この分布表と算出した統計量を比較していきます。例えば「t 分布表」の方ですが、P024 の例では自由度が 9 になりました。そして、「t 分布表」の自由度 9 と確率 0.05 の交わる部分（黄色い網掛け）を見てみると、1.833 であることが分かります。P024 で計算したとおり、手元のデータから算出した統計量 t は 2.4 でした。つまり、1.833 と 2.4 を比較すると「1.833 < 2.4」となるので、この事象は 5% 未満の確率でしか生じない事象だと分かります。すなわち、統計的に違いがある！となるわけです。

# 「t 検定のための t 分布表」と「カイ二乗検定のためのカイ二乗分布表」

## ■ t 分布表

| 自由度 | 確率 | | | |
|:---:|:---:|:---:|:---:|:---:|
| | 0.1 | 0.05 | 0.025 | 0.01 |
| 1 | 3.078 | 6.314 | 12.706 | 31.821 |
| 2 | 1.886 | 2.92 | 4.303 | 6.965 |
| 3 | 1.638 | 2.353 | 3.182 | 4.541 |
| 4 | 1.533 | 2.132 | 2.776 | 3.747 |
| 5 | 1.476 | 2.015 | 2.571 | 3.365 |
| 6 | 1.44 | 1.943 | 2.447 | 3.143 |
| 7 | 1.415 | 1.895 | 2.365 | 2.998 |
| 8 | 1.397 | 1.86 | 2.306 | 2.896 |
| 9 | 1.383 | 1.833 | 2.262 | 2.821 |
| 10 | 1.372 | 1.812 | 2.228 | 2.764 |

## ■ カイ二乗分布表

| 自由度 | 確率 | | | |
|:---:|:---:|:---:|:---:|:---:|
| | 0.1 | 0.05 | 0.025 | 0.01 |
| 1 | 2.71 | 3.84 | 5.02 | 6.64 |
| 2 | 4.61 | 5.99 | 7.38 | 9.21 |
| 3 | 6.25 | 7.82 | 9.35 | 11.35 |
| 4 | 7.78 | 9.49 | 11.14 | 13.28 |
| 5 | 9.24 | 11.07 | 12.83 | 15.09 |
| 6 | 10.65 | 12.59 | 14.45 | 16.81 |
| 7 | 12.02 | 14.07 | 16.01 | 18.48 |
| 8 | 13.36 | 15.51 | 17.54 | 20.09 |
| 9 | 14.68 | 16.92 | 19.02 | 21.67 |
| 10 | 15.99 | 18.31 | 20.48 | 23.21 |

# あとがき

　ここまで読破したあなたはもう、既にデータサイエンスの魅力に取りつかれていることでしょう。とはいえ、本書を読んだだけで満足してはいけません。実際に手を動かしてデータ分析を行い、その分析から価値を生んではじめて、データサイエンスの知識を武器として使えるようになったと言えるのです。

　本書では様々な実践ケースをお伝えしましたが、あなたの職場や身の回りにも必ず似たような課題が落ちているはずです。ぜひその課題を自らつかみ取りにいき、本書でお伝えした内容を参考に課題解決に取り組んでみてください。

　ところで、「そもそも分析できるデータがない、分析できる環境がない」という声をいただくことが多いのですが、今の世の中で「データが全くないビジネス」など存在しません。確かにデータを特定のステークホルダーのみが持っていてなかなかアクセスできないケースなどはあると思いますが、「そのデータがあればどういう良いアウトプットが生まれるのか？」というイメージを相手に伝えることができればデータを公開してくれるかもしれませんよね。手元にデータがない状態からでも、周りを巻き込みながらデータ分析環境を整えて価値を生み出す気概を持って臨みましょう。

　本書では、データサイエンスの用語や実践での使い方にフォーカスして解説してきました。実際の現場ではプログラミング言語である Python や R、データベース言語である SQL を使ってデータの可視化や加工、モデル構築を行っていくのですが、誌面の都合上、本書ではそこまで踏み込んで解説していません。もし興味のある方は、私自身が運営している「スタビジ」という Web メディア・Youtube や「スタアカ（スタビジアカデミー）」というスクールを覗いてみてください。そこでは実際に Python や SQL などを使って手を動かして、より具体的に学んでいくことが可能です。

　データサイエンスの旅はこれで終わりではありません。むしろ、これが始まりです。AI やデータサイエンスは確実にこれから世界の中心になっていきます。一緒に素晴らしい世界を作っていきましょう！

## 【著者紹介】

### 上野 佑馬 （うえの ゆうま）

早稲田大学大学院の統計科学の修士号を取得後、資生堂に入社。資生堂のデータ分析チームにてECにおける機械学習によるマーケティングの最適化や自然言語処理による新コンテンツの作成、データマネジメント、KPIトラッキング体制の構築を行う。その後、ユニリーバに移りEC領域のデータ分析・デジタルマーケティングを幅広く行いながらAIスタートアップで需要予測のデータサイエンティストとして従事、のちに株式会社ダブダブを創業。会社のビジョンは「データサイエンスやAIの力でつまらない非効率を減らしおもしろい非効率を増やす」。AIやデータサイエンスがより多くの人にとって身近な存在になり、つまらないことは徹底的に効率化され、おもしろいことであふれた世界を実現すべく日々発信活動や事業運営を行う。

AIやデータサイエンスに特化した「スタビジ」という月10万人に読まれるWEBメディアや2.8万人超が登録するYoutubeチャンネルを運営。Udemy講師としても活動しており総受講者数は1.4万人超。「スタビジアカデミー（スタアカ）」という教育サービスを展開しリリースから半年でのべ100人以上が受講。アパレル・消費財・不動産・教育・交通など様々な業種においてAIデータサイエンスのコンサルティングや分析支援を行う。
記事分析ツール「Tracky（トラッキー）」や書籍まとめサービス「Yomeru（ヨメル）」などWebサービスの開発にも従事。
ネット上ではウマたんというハンドルネームで活動。

**参考文献**

・斎藤 康毅 (2016)：「ゼロから作るDeep Learning －Pythonで学ぶディープラーニングの理論と実装」, オライリージャパン
・豊田秀樹 (2008)：「データマイニング入門」, 東京図書
・永田靖, 棟近雅彦(2005)：「多変量解析法入門」, サイエンス社
・永田靖 (1992)：「入門 統計解析法」, 日科技連出版社
・門脇大輔, 阪田隆司, 保坂桂佑, 平松雄司(2019)：「Kaggleで勝つデータ分析の技術」, 技術評論社
・安井翔太, 株式会社ホクソエム(2020)：「効果検証入門〜正しい比較のための因果推論/計量経済学の基礎」, 技術評論社
・赤穂昭太郎 (2008)：『カーネル多変量解析－非線形データ解析の新しい展開』, 岩波書店.
・井出剛, 杉山将 (2015)：『異常検知と変化検知』, 講談社.
・江崎貴裕(2020)：「データ分析のための数理モデル入門 本質をとらえた分析のために」, ソシム
・豊田秀樹 (2015)：「基礎からのベイズ統計学：ハミルトニアンモンテカルロ法による実践的入門」, 朝倉書店
・久保拓弥 (2012)：「データ解析のための統計モデリング入門――一般化線形モデル・階層ベイズモデル・MCMC (確率と情報の科学)」, 岩波書店
・金谷健一(2005)：「これなら分かる最適化数学：基礎原理から計算手法まで」, 共立出版
・Radhakrishnan, R. (1984), "Estimating Mahalanobis' distance using Bayesian analysis", Communications in Statistics-Theory and Methods, 13(20), pp. 2583-2600.
・Dan Pelleg, Andrew Moore (2000): "X-means: Extending K-means with Efficient Estimation of Clusters, ICML-2000
・Steinberg, D. and Cardell, N.S. (1998): "The Hybrid CART-LOGIT Model in Classification and Data Mining, The Eighth Annual Advanced Research Techniques Forum, American Marketing Association.

カバーデザイン：坂本真一郎（クオルデザイン）

本文デザイン・DTP：有限会社 中央制作社

誌面イラスト：Yasu

**■注意**

(1) 本書は著者が独自に調査した結果を出版したものです。

(2) 本書の一部または全部について、個人で使用する他は、著作権上、著者およびソシム株式会社の承諾を得ずに無断で複写／複製することは禁じられております。

(3) 本書の内容の運用によって、いかなる障害が生じても、ソシム株式会社、著者のいずれも責任を負いかねますのであらかじめご了承ください。

(4) 本書に掲載されている画面イメージ等は、特定の設定に基づいた環境にて再現される一例です。また、サービスのリニューアル等により、操作方法や画面が記載内容と異なる場合があります。

(5) 商標
　　本書に記載されている会社名、商品名などは一般に各社の商標または登録商標です。

---

一生モノのビジネス教養　データサイエンス大全
シンプルにわかる49の用語と13の実践

2023年　3月10日　初版第1刷発行

著者　　上野 佑馬
発行人　片柳 秀夫
編集人　志水 宣晴
発行　　ソシム株式会社
　　　　https://www.socym.co.jp/
　　　　〒101-0064　東京都千代田区神田猿楽町1-5-15 猿楽町SSビル
　　　　TEL：(03)5217-2400（代表）
　　　　FAX：(03)5217-2420

印刷・製本　　シナノ印刷株式会社